社会资本投资创办独立学院风险管理研究

杨炜苗 著

北京
清华大学出版社

内 容 简 介

本书结合国家相关政策法规、全面风险管理理论、委托代理理论和其他有关风险问题学术成果的研究，以及作者亲身参与管理的经历、文献查询和实际案例分析，从全面风险管理的视角研究了独立学院生存与发展所面临的各种风险问题，提出了实施和构建独立学院“六位一体”全面风险管理体系的对策建议，为独立学院投资方、管理者在风险控制方面提供了新的视角和实施思路，对促进我国独立学院的健康稳定和可持续发展具有一定的理论指导意义和现实意义。

版权所有，侵权必究。侵权举报电话：010-62782989　13701121933

图书在版编目（CIP）数据

社会资本投资创办独立学院风险管理研究 / 杨炜苗著 . — 北京：清华大学出版社，2017

ISBN 978-7-302-48002-0

Ⅰ . ①社…　Ⅱ . ①杨…　Ⅲ . ①社会资本 – 风险管理 – 研究 – 中国　Ⅳ . ① F124.7

中国版本图书馆 CIP 数据核字（2017）第 195872 号

责任编辑：张　莹
封面设计：傅瑞学
责任校对：王凤芝
责任印制：李红英

出版发行：清华大学出版社
网　　址：http://www.tup.com.cn，http://www.wpbook.com
地　　址：北京清华大学学研大厦A座　　**邮　　编：**100084
社 总 机：010-62770175　　**邮　　购：**010-62786544
投稿与读者服务：010-62776969，c-service@tup.tsinghua.edu.cn
质量反馈：010-62772015，zhiliang@tup.tsinghua.edu.cn
印 装 者：三河市金元印装有限公司
经　　销：全国新华书店
开　　本：155mm × 230mm　**印　　张：**12.75　**字　　数：**151 千字
版　　次：2017 年 8 月第 1 版　**印　　次：**2017 年 8 月第 1 次印刷
定　　价：49.00 元

产品编号：076795-01

序

PREFACE

欣闻杨炜苗博士的博士后出站研究报告《社会资本投资创办独立学院风险管理研究》即将以专著的形式出版发行，我感到非常高兴。在书稿付梓之前，杨炜苗博士请我为其新作代写“序”，我欣然答应了。我之所以看好他这部专著，不仅因为我是他从事本专题博士后研究的合作导师，参与了该研究项目从选题、框架设计以及最后修改定稿的全过程，同时也因为这部专著表现了作者的做人格局、处事风格和精神面貌，更重要的是目前国内还没有从全面风险管理角度系统研究独立学院风险问题的专著。因此，该书的出版既可填补这一空白，同时也可为我国独立学院持续健康发展提供重要的理论支持和实践参考。

杨炜苗博士在中国社会科学院美国研究所博士后流动站期间，对社会资本投资创办独立学院的风险管理问题进行专项研究。之所以选择这样一个专题进行研究，我想主要还是因为他有着得天独厚的条件。多年来，杨炜苗博士亲身经历和观察到很多独立学院发展进程中暴露出来的风险问题。正是亲身体会到独立学院风险所产生的各种负面影响，也使他意识到对独立学院风险管理问题进行深入研究的必要性和紧迫性。这些经历也成就了他在研究独立学院风险管理问题方面更具有发言权和权威性。

近年来随着我国高等教育“就业质量”概念的兴起，

有关独立学院办学风险的问题也开始引起世人的关注，特别是一些独立学院所发生的重大事件，导致独立学院的生存和发展出现危机。独立学院未来发展具有很大的不确定性和风险，这种情形也对独立学院风险管理问题的研究提出了紧迫要求，人们越来越认识到开展对独立学院风险问题的研究势在必行。杨炜苗博士在该书中，将全面风险管理理论作为一种新的方法和工具，通过运用全面风险管理理论和委托代理理论，深入分析我国独立学院的风险问题、产生原因及影响机制，为独立学院实施有效的风险管理解决方案提供了新思路，从而也进一步丰富了国内高校风险管理的理论和研究成果。

该书的核心主旨是在正确认识独立学院风险问题的基础上，如何有效化解风险的负面影响，从而使我国独立学院这一新生事物实现健康、可持续发展。坦率地讲，对独立学院风险问题的研究无论从理论上还是从实践上讲，都还是一个相对崭新的课题，国内对独立学院风险问题的研究也大都只是涉及个别层面或环节，缺乏全面性和系统性，在已有可参考研究成果十分有限的条件下涉足独立学院风险研究，可想而知其困难有多么大。我非常欣赏他能在繁忙的工作之余投入大量精力，将自己多年的思考和研究心得运用到对独立学院风险问题管理的研究中。从这部专著中可以看到，独立学院风险问题涉及多个方面，它们错综复杂、相互交织、相互影响，要从全面系统的角度入手分析，其复杂程度确实比较大，但他勇于面对问题和矛盾，能认真思考并梳理种种风险管理问题。作者从内、外部十个方面对独立学院面临的风险问题展开了全面系统的研究，涉及 40 个影响因子的分析，他在研究中重点分析的相关问题都是独立学院目前普遍存在的重大风险隐患，如委托代理问题、激励机制问题、办学质量问题、生源问题等。作者之所以能将这些风险问题分析得入木三分，主要还是作者本人能结合自己所经历的管理经验和教训并进行总结升华，同时辅之以查阅大量文献资料和思考的结果。在此基础上，作者针对存在的主要风险问题，开拓性地提出了“六位一体”构建独立学院全面风险管理体系的新思路，这其中包括 29 项风险管理任务。从这些数字就可以感受到作者研究过程中所付出的辛苦，也展现出作者思考和研究的系统性和全面性。由于作者的研究大多都是基于自身体会和实际经验，所以他所提出的对策具有非常“接地气”的特点，不仅具有进一步深入研究的价值，而且在实践中也极具可行性和可操作性。

这部专著不只是杨炜苗博士日常管理活动的经验总结，也是他在这一段时期内对独立学院风险管理的系统思考和研究的成果。能在研究报告中将作者的思考、观察、经验与教训等有机联系在一起，从这么广泛的角度对独立学院展开风险分析，相互糅合，如此见心思的研究专著目前尚不多见。在项目研究的过程中虽然历经辛苦，但他最终在对风险问题进行全方位分析和研究的基础上，找到了问题的主要症结和解决对策。当然，独立学院的全面风险管理是一项很大的系统工程，在独立学院推进全面风险管理并产生实效方面还是一个新的课题，需要继续做出不懈的努力。

我对杨炜苗博士这样一位尊师重友、上进心强、努力工作、在岗位上辛勤耕耘、不断进取的年轻学者型企业家确实有几分好感。接触的时间越长，我对他的了解就越多，印象就越好。他担任集团高管，且身兼多职，每天要处理大量繁杂的事务，加班加点早已是常态，然而，他却能把工作做得井井有条，并在百忙中仍不断提高自身修养。他平日里少言寡语、为人低调，但他对待工作和学习却是非常投入。尽管他面临着工作的巨大压力，但却能挤出时间展开学术研究活动并写出了 10 多万字的研究报告，这种精神实在难能可贵。我国独立学院的持续健康发展，离不开像他这样为追求卓越而在理论与实践的艰难征程中孜孜以求的探索者。我衷心期待杨炜苗博士这篇新作早日出版发行，为我国独立学院风险管理理论的研究做出应有的贡献！

是为序。

郑秉文

中国社会科学院美国研究所所长、博士生导师

2017 年 6 月 18 日

目录

CONTENTS

第一章 绪论

第二章 风险管理相关文献与理论综述

第一章

绪论

chapter 1

<<<

第一节 我国独立学院发展概况

独立学院是我国高等教育改革中出现的一种新的办学模式，根据教育部《独立学院设置与管理办法》（教育部令第 26 号，简称第 26 号令）规定，独立学院“是指实施本科以上学历教育的普通高等学校与国家机构以外的社会组织或者个人合作，利用非国家财政性经费举办的实施本科学历教育的高等学校”[1]。26 号令中提到的所谓“普通高等学校与国家机构以外的社会组织或者个人”用于投资创办本科层次高校的非国家财政性的经费就是来自本书所讲的社会资本。根据我国的国情，国内大多数独立学院的投资方是民营企业，因此，本书中所提到的社会资本主要还是指民营企业。独立学院是按新机制、新模式举办本科层次的二级学院。这里所谓的新机制就是采用民办机制，其办学经费、师资来源、专业设置高度市场化；所谓新模式是指具有独立的校园和基本办学设备设施，独立进行招生，实施相对独立的教学组织和管理，独立颁发学历文凭证书，独立进行财务核算，具有独立法人资格，能独立承担民事责任。独立学院的管理机制采取合作者共同商定，共同参与制定重大决策、参与监督和领导等方式；独立学院的治理采取多方参与和多元主体联合治理的结构。事实证明，独立学院最大的办学优势就是

1 《独立学院设置与管理办法》（教育部第 26 号令），2008.

机制灵活、开拓创新、自主性强。独立学院的出现为我国实现高等教育大众化、弥补政府教育经费的不足发挥了重要作用。

新中国成立初期至20世纪90年代末，我国高等教育领域基本上是公办高校的天下。从20世纪90年代末开始，为适应经济发展的需要，我国高校开始实施扩招计划。由于当时我国高校体制和国家财力所限等原因，国家虽然需要不断扩大高等教育规模，但公办高校的教学资源根本无法满足学生数量大规模提升的要求，高校办学经费普遍捉襟见肘。显然，单纯依靠公办高校很难实现大学生扩招的目标要求，这也就意味着面对扩招需求，高等教育资源出现了严重的供不应求。与此同时，我国广大民众长期普遍存在着对高等教育的迫切渴望与需求，其原因在于：第一，我国长期存在着学历与就业、收入、职务升迁关系非常密切的广泛认同，人们读大学的主要动力之一是为了提升自己，改变自己的命运，为将来可能找到好工作打好基础；第二，知识经济时代的到来导致各行各业对就业人口素质的要求不断提升，新工艺、新技术的使用需要从业者具备相应的知识和技能；第三，中国家庭普遍有着望子成龙的情结，而大学的扩招也使人们看到了实现子女上大学梦想的希望；第四，我国持续多年的经济高速增长使人们的收入明显增加，从而有能力承受较高昂的学费来接受高等教育；第五，与其他国家相比，中国大学生在人口中所占比例长期相对偏低，甚至低于印度等发展中国家。为了有效解决高等教育持续扩张与政府教育经费短缺的矛盾，引入多元化的投资主体、创办和发展独立学院对改革高等教育单一的办学方式、促进高等教育办学模式和办学主体的多样化都有着重大的意义。由于高等教育是一项投入大、见效慢的事业，在当时的条件下，要实现高等教育规模的扩大，鼓励和充分利用民间资本，支持非财政性办学实体发展，无疑是一项重大的改革。正是看到了我国高等教育供需矛盾一时难以改变的现状，再加上国家出台扶持鼓励政策，一些社会资本看到了机会并开始大力投资进入高等教育领域。

独立学院设置之初的起点就是本科层次，是以公办高校的二级学院身份出现的，从某种程度上讲，公办高校与社会资本合作办学也是公立高等院校优质教育资源寻租和社会资本求租的动因推动下完成的。其原因在于社会力量投资方创办二级学院因自身缺乏必要的教育资源，必然需要向公办高校求租一些优质教育资源，主要包括母体高校的品牌、创办独立学院所需要的管理技术和师资力量等。双方合作办学成功后，母体高校凭借自己拥有并提供的这些无形资产优势，每年从二级学院的学费中优先获取一定比例的收益作为管理费，以弥补母体高校教育发展经费的不足。1999 年，浙江大学与杭州市人民政府首开先河，联合创办了浙江大学城市学院，接着，一些公办高校与企业合作陆续创建了以民办机制运行的二级学院。公办高校通过创办二级学院展现了一定的合理性和优越性，一方面，可以吸收社会力量介入高等教育，提高优质教育资源的利用率，扩大办学规模，更好地满足越来越多的民众接受高等教育的需求；另一方面，可以提高办学效益，解决高校办学经费不足的问题。

独立学院与生俱来的基本特征就是对申办高校即母体高校的“依附性”，由于在发展初期就分享到了公办优质高校的光环，使得独立学院遭遇办学风险的可能性大大降低。从办学层次上看，母体高校大都是一本高校，而独立学院则是三本高校，两者入学门槛相差悬殊。但根据相关政策，2008 年之后独立学院学生达到学位授予条件的可颁发母体高校具名的学士学位证书。这种做法对于那些高考分数较低、对优质高等教育资源有需求的考生来说，有着强烈的吸引力。由于二级学院拥有灵活的办学机制，兼具公办普通高校与民办高校的双重优势，且可较快地产生办学效益，同时也增加了民众接受高等教育的机会，此举也打破了长期以来公办高校一统天下的格局。纵观我国最初的二级学院，大体上采取以下 3 种创办模式。

一是公办普通高校与企业合作创办的二级学院。这是目前国内一种最典型、最普遍的合作办学模式。

二是公办普通高校通过校办企业或直接参与其中创办的二级学院。

三是公办普通高校与异地的地方政府合作举办的二级学院或分校。北京师范大学珠海分校采取的就是这种办学模式。

由于缺乏经验和政策规范，二级学院的创办也出现了不管是否具备条件就一哄而上、办学质量参差不齐的问题。2003 年 4 月，教育部专门针对独立学院的第一份政策性文件《关于规范并加强普通高校以新的机制和模式试办独立学院管理的若干意见》（教发〔2003〕8 号，简称 8 号文件）颁布，首次提出了“独立学院”的概念，原来的二级学院正式命名为独立学院。同时，提出对独立学院要贯彻“积极支持、规范管理”的原则，并规定要一律采用民办机制。[1] 根据 8 号文件精神，“从 2003 年下半年开始，教育部对当时的 360 多所‘二级学院’进行了清理整顿和重新登记，经过审查，取消了其中 100 多所‘二级学院’的办学资格，并对其中 249 所进行了重新登记。通过整顿，独立学院所展现出的‘优’‘民’‘独’的特征渐渐获得了社会的广泛认同”[2]。

随着时代的发展，部分独立学院经过多年的积累和建设已经具备相当的办学实力，包括专业建设、教学质量、师资力量和教学设

---

1 关于规范并加强普通高校以新的机制和模式试办独立学院管理的若干意见 . 教发〔2003〕8 号 .

2 阙明坤 . 独立学院能实现“高水平民办大学梦”吗？ [N]. 光明日报，2013-12-11.

施等，完全可以自立门户。此外，合作办学过程也不断暴露出作为投资方的社会资本与母体高校双方因追求的效用函数不同所产生的矛盾问题，有的矛盾甚至会影响到能否继续办学的程度。针对这一新情况，2006 年，《教育部关于“十一五”期间普通高等学校设置工作的意见》（教发〔2006〕17 号）明确规定：“独立学院视需要和条件按普通高等学校设置程序，可以逐步转设为独立建制的民办普通高等学校。”[1] 2008 年 2 月 29 日，全国独立学院工作会议在北京召开。会议的主题是贯彻落实教育部《独立学院设置与管理办法》（教育部令第 26 号），促进独立学院健康发展。26 号令的出台对我国独立学院从设立到组织运行、从管理到监督、从变更到终止等都提出了更加具体的要求，促使独立学院逐步走上法制化、规范化的道路。按照 26 号令精神，对于那些以民间资本为投资主体的独立学院，教育部还将推动其逐步转设为独立建制的民办普通高校。2008 年 10 月，首批 5 所申报转设为民办普通高校的独立学院有 4 所获得教育部批准，分别是东北大学东软信息学院转设为大连东软信息学院、沈阳师范大学渤海学院转设为辽宁财贸学院、吉林艺术学院动画学院转设为吉林动画学院、哈尔滨商业大学德强商务学院转设为哈尔滨德强商务学院[2]，从而拉开了独立学院转设的序幕。

伴随着独立学院的成长，投资方是否应该取得办学收益一直是个老大难问题，政策上也对此语焉不详。按照 2003 年制定实施的《民办教育促进法》，民办教育事业属于公益性事业，意味着民办学校的投资方不能以营利为目的办学，虽然原先的《民办教育促进法》也提到民办学校的投资方可以取得“合理回报”，但“合

---

1 教育部关于“十一五”期间普通高等学校设置工作的意见 .（教发〔2006〕17 号）.

2 迟云平 . 独立学院转设为民办普通高校的实践性思考 [BD/OL]. 中国教育在线，2011-06-15.http://gaokao.eol.cn/zskx_5428/20110615/t20110615_634440.shtml.

理回报”是多少却一直没有明确的说法，从政策字面意思解读可知，“合理回报”显然属于奖励性质，而非投资收益。针对这一情况，2016 年 11 月 7 日，党的十二届全国人民代表大会常务委员会第二十四次会议通过了最新修订的《中华人民共和国民办教育促进法》；2016 年 12 月，国务院印发了《关于鼓励社会力量兴办教育促进民办教育健康发展的若干意见》（国发〔2016〕81 号），首次提出了“对民办学校实行非营利性和营利性分类管理的新政策”[1]，“非营利性民办学校举办者不取得办学收益，办学结余全部用于办学。营利性民办学校举办者可以取得办学收益，办学结余依据国家有关规定进行分配”[2]。国家对民办学校实施差别化扶持政策，并积极引导社会力量举办民办学校，这是国家在前期提出独立学院转设政策的基础上为保障投资方利益而推出的又一重要举措。

修改后的《民办教育促进法》规定：“民办学校的举办者可以自主选择设立非营利性或者营利性民办学校。”[3] 投资方投资创办独立学院的动力之一就是希望能获得投资收益。过去，对于获得投资收益的问题一直没有明确规定，致使投资方不敢大胆投入。现在，终于赋予民办学校合法选择营利性办学和非营利办学的权利，相当于承认了投资方通过独立学院享有剩余财产索取权，从而使投资方可以尽心投入并取得应有回报。教育部副部长朱之文认为：“对民办学校按照非营利性和营利性进行分类管理，从法律上破解了困扰民办教育发展的学校法人属性不清、财产归属不明、支持措施难以落实等等这些瓶颈问题。这就扩展了民办教育发展的空间，明确了民办教育的发展形式，也有利于政府加大扶持的力度，来落实差别

1 《关于鼓励社会力量兴办教育促进民办教育健康发展的若干意见》（国发〔2016〕81 号）.

2 同上.

3 《中华人民共和国民办教育促进法》，2016 年最新修订.

化的扶持政策，促进非营利性和营利性这两类民办学校各安其位、健康发展。”[1]

从1999年创建二级学院到2003年发布8号文件，从2008年的26号令到2016年发布最新修订的《中华人民共和国民办教育促进法》，再到2016年12月国务院印发了《关于鼓励社会力量兴办教育促进民办教育健康发展的若干意见》(国发〔2016〕81号)，国家逐步完善独立学院的相关政策，不断促进其健康发展。如今，独立学院正日益发挥着为国家培养应用型人才的积极作用，成为当前和今后一个时期高等教育发展的重要增长点。根据《中国青年报》(2016-1-27)提供的数据，2010年全国共有独立学院323所，2011年309所，2012年303所，2013年292所，2014年283所，2015年275所。据国家教育部最新公布的《2016年全国高等学校名单》(截至2016年5月30日)可知，我国共有独立学院266所。[2]数量上看独立学院虽然是在减少，但办学质量却有了提升，尤其部分独立学院已经成长为独立设置的普通高校。经过近20年的探索发展，在实现增加优质教育资源、扩大就学机会、完善教育成本分担制度等方面，独立学院都发挥了巨大作用。

在国家大力发展教育事业的战略进程中，社会资本作为独立学院投资主体之一,一直扮演着重要角色。一些社会资本抓住历史机遇，开始战略转型，其中一项重要战略转型内容就是大举投资创办独立学院。以北方投资集团为例，从2004年投资北京化工大学北方学院开始，经过10多年的努力和布局，如今，在全国14个省市共投资创办了14所独立学院，在校本科生人数达20多万人。2013年2月，在此基础上正式成立了北方国际大学联盟。其大手笔投资

1 民办校可自主选择发展或退出[N]. 北京晨报，2016-11-08.

2 2016年全国高等学校名单[BD/OL]. 教育部官网，2016-06-03.http://www.moe.edu.cn/srcsite/A03/moe_634/201606/t20160603_248263.html.

创建独立学院，其数量之多，地域分布之广，这在全国实属罕见。

总之，我国社会资本投资创办独立学院有其历史的原因。社会资本之所以进军高等教育领域是由于改革开放以来，经济的快速发展带动了对各种人才的大量需求，从而引发对教育规模扩大的需求，但由于国家财力有限，短期内不可能有效解决教育扩张需求与教育投入不足的矛盾，因此，鼓励社会力量参与办学就成为一个重要的选项。国家通过在税收、土地等方面给予一定的政策上优惠，以及允许民办高校享受一定收益，同时支持具有一定优质教育资源的公办高校与社会力量合作办学，以扩大教育资源利用率，弥补公办高等教育的不足。在这种情况下，催生了大量以投资办学为主的民办高校。

但是，我国社会资本投资创办独立学院与国外私立高校有很大不同。国外或境外私立高校的创办主要是依靠个人和企业的捐资，而我国民办教育则是以投资方投资创办而非捐资办学为本质特征，正如全国人大原教科文卫委员会副主任委员汪家镠（2001）所说：“从我国的情况来看，目前捐资办学者为数不多，多数人是投资办学，这些办学者中间，一心办教育、不要求回报的人是有的，但多数民办教育举办者希望收回原始投入并得到利益增值的回报。”[1] 相关政策中对投资办学取得回报这一问题一直语焉不详也导致投资方对投资风险的担忧，最终国家出台了新的对民办学校实施差别化扶持的政策，对采取营利性办学模式和非营利性办学模式的独立学院实施分类管理。这一举措为追求不同效用函数的社会资本投资创办独立学院提供了选择，也从法律上确保了投资方的利益。这是国家在前期提出独立学院“转设”政策的基础上，为保障投资方利益而推出的又一重要举措，有利于积极引导社会力量举办民办学校。

---

1 汪家镠 . 关于民办教育促进法（草案）的基本意见 [J]. 民办教育动态，2001（12）：4~6.

如今，作为投资方的社会资本与所创办的独立学院已经成为命运共同体，双方风雨同舟，一荣俱荣，一损俱损。越来越多的社会资本投资方和独立学院认识到，只有精诚合作、荣辱与共、共担风险，才能实现共赢。所以，投资方的风险管理必然也要落实到独立学院的风险管理上。伴随着社会进步而带来的需求多样性以及公办高校招生规模的提高，导致公办高校与独立学院间的竞争更加激烈。面对残酷的现实，一部分独立学院被关闭、兼并和破产清算，独立学院的发展风险也不断警示着另一部分独立学院。因此，独立学院必须提高风险防范意识，重视风险管理，通过提升办学质量，培养国家需要的合格人才，树立良好的社会形象，形成良性循环发展，使独立学院不断健康成长。

第二节　独立学院风险问题及风险管理

有关风险的定义一般都会涉及不确定性、概率、损失、波动性和危险等含义。罗伯特等（1980）认为，风险的内涵是人们对财务损失产生不确定性。[1] 莫布雷（Mowbray）[2] 将风险分为两类：其中纯粹风险只带来损失，投机性风险可以带来损失或收益。风险指结果的不确定性，本书采纳的就是这种观点。

所谓独立学院的风险管理，就是指独立学院在实现其未来战略目标的过程中，将学校面临的各种不确定性和变化所产生的影响控制在可接受范围内的过程。独立学院的风险管理是一个复杂的有机体系和动态过程，这个过程应由学校全体教职员工实施，包括建立并维护风险管理体系、执行风险管理的一般程序、管理独立学院的所有重大风险事项等，以实现风险管理的目标。

独立学院成立之初，学院管理层人员大多来自母体高校，他们往往习惯于公办高校体制的管理模式，风险意识比较薄弱，对独立学院风险问题缺少研究和前瞻性认识，更谈不上制定科学应对风险的处置方案。即使是已经频频发生独立学院办学风险问题的今天，不少独立学院的主要精力还是放在办学规模和确保生源上，却缺乏

1　Robert I. Mehr and Emerson Cammack. Principle of Insurance[M]. RICHARD D.IRWIN,INC,1980.

2　Mowbray, Blanchard. Risk Management And Insurance[M]. 1969.

行之有效的风险控制与防范体系，许多独立学院的风险管理制度徒有其名，面对风险往往手足无措，主要表现在以下几个方面。

一是风险意识薄弱。目前，大多数独立学院对风险管理的重要性、紧迫性普遍认识不足，对于风险管理是什么、风险管理手段主要有哪些、怎样实施风险管理等诸如此类的问题，在许多独立学院无论是管理层还是普通教职员工的脑海中基本上处于一片空白状态，由于缺乏预先防控风险的意识，在面对风险时往往处于被动状态。

二是风险控制体系不健全。一些独立学院缺乏完整的内部风险控制体系，风险管理机制漏洞多，既没有规范的风险管理制度，也没有防范风险的监督管理措施，风险管理力度比较弱，形同虚设，在重大决策制定等活动中缺乏科学严谨的论证和程序。比如，控制体系不健全造成决策的随意性和盲目性，导致决策失误或其他损失的发生。

三是风险应变能力不强。不少独立学院在应对危机时，风险管理经验不足，缺乏专业从事风险管理方面的人才，风险管理手段简单，风险管理能力偏弱，在信息收集和技术分析方面掌握程度低，运用水平差，甚至采用错误的处理措施，反使风险危机愈演愈烈。比如，兰州某独立学院女教师刘某患癌症被开除事件，造成恶劣的社会影响，一场教师疾病危机演变成“人性＋道德”危机。

四是风险管理缺乏科学性。目前，国内独立学院普遍既缺乏完整的风险管理办法，也很少设置专门的风险管理部门和岗位，甚至还有不少独立学院根本不了解风险管理为何物。多数独立学院风险管理所采用的办法往往只是靠学院高层管理者凭其经验对可能存在的风险做决策判断，或者是出现风险造成损失后再做一些补救工作，这种以经验和感情代替处理风险的理性做法既不科学，也很难从根本上解决问题。

从某种意义上讲，我国的独立学院属于风险性较高的单位，相当一部分独立学院是在夹缝中求生存，前有公办高校的阻击，后有众多高职院校的追击，旁边还有民办大学的夹击，处于一种多元竞争的生存环境，再加上办学时间短、办学质量还存在一些问题、社会美誉度还没有建立起来等原因，社会对独立学院办学质量普遍还持怀疑态度，甚至认为独立学院难以为继，很有可能被收回或被淘汰。此外，伴随着高等教育发展而来的生源择校的多样性，导致高校间争夺生源更加激烈，这也更加剧了独立学院面临着重重风险。任由自身的问题和风险蔓延而不去管控，最终都会影响到独立学院的生存状态。因此，加强风险管理是独立学院在激烈的市场竞争中立于不败之地必须做的功课。

鉴于独立学院所面临风险的多样性和复杂性，其风险管理必然也是一项系统工程，需要全面通盘考虑。如果仅是头痛医头、脚痛医脚，其效果必将十分有限。独立学院只有突破传统的、摒弃仅凭经验实施风险管理的模式，以全方位的视角，管控所面临的风险，才能使独立学院成功抵御风险的危害。

第三节 国内外高校风险管理研究动态及发展趋势

20 世纪 50 年代，“风险管理”的概念首次被提出，很快就在美国被引入到企业风险管理的实践中。受美国成功实施风险管理的影响，20 世纪 70 年代起，各个国家也逐步开始重视对风险管理理论的研究，通过建立风险管理组织，制定各自的风险管理标准，为企业预防风险和管控风险提供了行动指南。企业风险管理的成功经验也为众多私立高校有效实施风险管理提供了参照依据和具体指引。特别是全面风险管理理念的提出，使各类组织的风险管理实践进入了一个新阶段。“2004 年，美国加州大学董事会宣布，要在其全系统实施全面风险管理，这一举动引起美国高等教育界的关注，其他一些院校也相继开始酝酿自己的全面风险管理计划。”[1]

针对我国独立学院的风险管理理论研究一直是伴随着独立学院的发展而展开的。与公办高校相比，独立学院最大办学优势是机制灵活、可放开手脚开拓创新。正是这种开拓创新也必然带来很多风险和不确定性，不少学者和教育工作者对独立学院这一新生事物的风险问题一直非常关注，他们冷静分析并充分认识到，风险管理应是独立学院在激烈的市场竞争中立于不败之地的基本功，这些学者

1 郭伟光，范春树 . 民办高校风险管理的演进、最新发展与动因 [J]. 长春工业大学学报（高教研究版），2014, 35(3)：10~14.

和教育工作者走在时代前面，针对独立学院风险问题发表了不少很有见地的论文，从百度上搜索“独立学院风险管理论文”一词，可以发现有多达870多万条相关信息。可见，国内有关独立学院的风险管理问题的研究是相当广泛的。

社会资本投资创办独立学院在为社会带来效益的同时又伴随着巨大的风险，这对于任何一个投资独立学院的社会资本来说都是不可忽视的问题。在独立学院发展进程中，社会资本作为投资方，委托独立学院董事会及教职员工完成学校的建设与发展任务，投资方不仅要参与学校建设与发展决策，而且还需要负责协调各相关者的利益关系，通过设立必要的风险管控机制，提高独立学院日常管理与建设的效率，更好地促进教育事业的发展，造福社会，实现举办方、独立学院、教职员工和学生的“共赢”。在合作过程中，由于参与方所追求的效用函数不同，难免会产生矛盾，再加上其他诸多不确定因素的影响，风险在所难免。因此，加强对风险的研究、管理和防范非常必要。

目前，我国独立学院风险管理的研究与实践毕竟还只是刚刚起步，全面风险管理理论的出现和应用，为独立学院风险管理提供了新的方法和工具。作为世界私立高等教育最发达国家的美国，在控制私立高校经营风险的过程中积累了许多成功的经验，其风险管理的框架和标准也为我国独立学院有效实施风险管理提供了科学的参照依据和具体的指引。了解教育发达国家风险管理的发展历史，这对我国进一步加强独立学院风险控制、构建我国独立学院风险管理体系都可起到很好的借鉴作用。

第四节　主要研究背景、目的和意义

一、研究背景

1999年以来，独立学院经过初创和快速发展阶段后，其运营所面临的风险也在不断显现，这些风险错综复杂、相互影响。由于独立学院是新生事物，其发展自然会遇到各种各样的风险，包括独立学院内部和外部风险，这些不同的风险构成独立学院所需要面对并认真解决的问题。比如，与公办高校相比较，独立学院的内外部环境都更具动态特征和不确定性，再加上独立学院自身存在着诸多先天不足问题，都极大地威胁着独立学院的生存与发展。再比如，当独立学院教育质量下降并长期得不到明显改善时，独立学院的社会认可度也会随之下降，对生源的吸引力也会减弱，继而造成招生难，学院的学费收入难以保障，从而带来制约学院进一步发展的一系列派生风险。在此特别需要提出的是，兰州某独立学院“开除患癌女教师”的事件在全国引起极大关注，事件本身也暴露出独立学院在发展中存在的问题与风险。

此外，还有其他现实风险。比如，独立学院董事会（理事会）和领导层所构成的各种委托代理关系中，由于双方信息不对称，加上合同条款问题等，都可能导致出现逆向选择和道德风险问题。

财务上的风险同样也不可忽视。鉴于独立学院是按新机制、新模式办学，为保证学院的发展，必然既要考虑创办独立学院的社会效益，也要考虑经济效益。由于独立学院办学经费主要来源于学费，如果收费太低，会影响办学物质保障和质量；收费过高又会影响生源数量。

事实表明，独立学院需要正视所面临的各种风险，从理论与实践上不断探索和研究有效应对风险的防范措施，研究社会资本投资创办独立学院以及发展所面临的诸多风险和不确定性，探索风险防控机制，制定有针对性的、提升独立学院风险管理水平的措施，这不仅是当务之急，而且有着深远意义。遗憾的是，目前我国针对独立学院风险管理的研究和实践，尽管有不少学者和教育工作者发表了不少研究论文，但相对于西方高等教育发达国家，我国还处于深度和广度都还不够的阶段，对于风险管理的应用和研究总体讲也相对薄弱。目前，独立学院的风险管理研究主要涉及个别领域，比如，财务风险研究、招生风险研究等，而在独立学院全方位综合风险研究方面则很欠缺。外部环境对于独立学院全面实施风险管理的保障和支撑作用也非常有限，如缺乏政策多方位的支持、优惠扶持力度较小、市场信息披露有限、职业教育家市场缺失等；从内部环境看，虽然部分独立学院的管理层也意识到风险管理的重要性，但却普遍缺乏风险管理的紧迫感，表现在独立学院普遍没有设立风险管理专职部门和职位，缺乏与风险管理相关的制度建设，更没有符合学校实际的风险管理办法。因此，目前还没有产生什么富有成效的范式，甚至可以说，独立学院全面风险管理研究和实践目前在国内还基本上处于空白状态。

总之，当今独立学院面临的环境正变得越来越复杂，其内外环境的互相依赖性也不断发展变化，这也促使许多独立学院开始从更广泛的角度来思考风险及风险管理问题。本书基于这一大背景，通过对独立学院风险管理现状的调研，从其目前独立学院存在的风险问题入手，结合我国国情和独立学院的实际情况，展开了对独立学院全面风险管理的对策研究。

二、主要研究目的和意义

（一）研究目的

本专项研究的目的就在于通过对独立学院成长、发展演化过程中风险问题的研究，进一步分析独立学院的风险特点和形成规律，以风险理论为指导，参考国内外针对高校风险管理问题的一些研究成果，对我国独立学院风险管理问题及产生原因进行深入研究。在此基础上形成较系统的独立学院风险管理的对策与方法，为独立学院建设和运行的参与方提供行之有效的行动指南与理论支持。

（二）研究意义

1. 本专项研究对确保独立学院长治久安有一定现实意义

由于独立学院投入较高、成长较快，与原有公办高校相比，既有优势，也有先天不足，未来的发展具有较强不确定性。因此，需要对独立学院的风险管理进行专门研究，从理论和实践上探讨并完善独立学院的风险管理机制，对学院实现长久的、可持续的发展具有一定的现实指导意义。

2. 本研究将对独立学院风险管理走向规范化、科学化道路具有较高的参考价值

鉴于独立学院具有的探索性强、环境复杂、发展积累不够成熟、许多因素无法确定、探索程度高等特点，在其发展过程中，必然会遇到各种各样的风险。它不同于公办高校的发展有章可循，并有现成的经验积累和成熟的运行模式。通过对独立学院的风险管理问题的研究，包括内外风险及成因分析，深入独立学院现实风险管理存在的问题，进一步形成有针对性的对策建议，使独立学院风险管理走上规范化、科学化的轨道，从而保障独立学院风险防范目标的顺利实现，并为有关部门风险管理提供理论支持和实际行动参考。

3. 本研究有助于拓宽风险管理研究与应用领域

虽然有关风险管理的理论和方法已自成体系，风险管理的研究在企业领域已经成为一个相对成熟的研究范式，但是对独立学院风险问题的特征、形成规律、产生原因以及全方位防范对策的研究和实践还远远不够。我国独立学院是教育领域的新生力量，对促进社会需要的应用型人才培养具有积极作用。同时，在我国，基于独立学院可持续发展的风险管理研究仅处于起步阶段，还没有形成完整的风险管理理论体系，为减少决策的风险性，创造安全稳定的育人环境，保障独立学院目标的实现，希望通过本专题研究，在一定程度上弥补风险管理应用领域的不足，完善国内独立学院风险管理研究。

综上所述，理论上，本书提出从全面风险管理的视角出发研究独立学院的风险特点及其风险运动规律，探讨独立学院风险应对措施的有效途径，研究独立学院的生存与发展问题；实践上，本书力争为独立学院管理层制定学院风险管理提供尽可能完整的实施方案，为独立学院推进风险防范和管理提供有价值的行动指南。

第五节 主要研究内容、方法及结构

一、研究思路及主要内容

本书首先研究了独立学院发展的历史和背景，接下来重点研究了国家出台的一系列与独立学院发展命运息息相关的政策法规，包括第一个专门针对二级学院的政策性文件——《关于规范并加强普通高校以新的机制和模式试办独立学院管理的若干意见》（教发〔2003〕8 号）；还包括推动我国独立学院设置与管理工作实现法制化、规范化的文件——《独立学院设置与管理办法》；还有首次提出对民办学校实行非营利性和营利性分类管理的最新修订的《中华人民共和国民办教育促进法》，2016 年 12 月国务院印发了《关于鼓励社会力量兴办教育促进民办教育健康发展的若干意见》（国发〔2016〕81 号）等，结合风险管理，还专门研究了全面风险管理理论、委托代理理论、法人治理理论以及相关激励理论等。与此同时，还阅读并研究了国内外公开发表的大量风险问题研究论文，特别是针对独立学院运行风险的多角度研究论文，在此基础上，投入很大精力对独立学院内外 10 大风险现象进行了系统分析和研究，同时对风险原因进行了深入剖析。根据研究心得和实际工作体会，将独立学院发展过程中重要的风险影响因子进行了认真梳理，提炼出“六个”影响最大的因子，然后结合全面风险管理理论和委托代理理论等，有针对性地提出了独立学院“六位一体”的全面风险管理对策建议。

二、研究方法

本书以分析独立学院发展过程中所面临的种种风险问题为切入点，进而对独立学院风险现状有了较清晰的了解。与此同时，在广泛研究、吸收、借鉴国内外相关文献和研究成果的基础上，以风险管理有关理论为指导，从全面风险管理及委托代理等角度对独立学院风险问题进行了应用性研究。重点针对独立学院所面临的政策风险、办学质量风险、生源风险、财务风险等 10 大风险及其原因展开深入分析与研究，从而进一步深度了解独立学院风险管理控制的现状及关键问题。本书采用理论分析、文献资料查询研究和实际案例研究结合等方法，以理论和定性分析研究为主，结合定量研究，对独立学院实际风险现象的主要原因进行了详细分析。在介绍风险管理具体对策措施时，主要是采取理论结合现存实际问题的方法；在资料收集方面主要采用文献查阅法和归纳法，包括查阅风险管理相关专著、论文及研究成果等；在政策和数据研究方面，主要研究了国家相关政策法规，如最新修订的《中华人民共和国民办教育促进法》，2016 年 12 月国务院印发的《关于鼓励社会力量兴办教育促进民办教育健康发展的若干意见》（国发〔2016〕81 号）。

本书还结合分析国内外成熟民办高校如何防范委托代理风险，包括事前信息不对称所产生的逆向选择和事后信息不对称所产生的道德风险，进一步做了以下补充。第一，本书透过对文献及其相关风险管理概念的研究并结合独立学院风险特点及其风险因素拟定独立学院风险管理构架。第二，进行前导研究并针对缺失加以改善。第三，对研究对象独立学院进行深入研究。第四，对文献调查资料结果进行分析，归纳总结结论。针对本书的研究原因、研究目的及研究问题进行文献讨论，拟订独立学院风险管理构架草案。

三、本书的结构

通过对有关信息资料查询和案例分析，笔者深感目前独立学院的风险管理模式已明显不适应外部环境和内部条件的变化，并在总结和借鉴国内外风险管理理论和实践经验的基础上提出了独立学院全面风险管理的具体对策和思路。本书的结构由 7 章组成，具体内容如下。

第一章主要围绕研究背景、目的和意义，研究主要内容、方法，框架结构以及创新点等，结合我国独立学院产生、发展的历史背景和发展历程，认识到独立学院因成立时间较短、缺乏经验，实际上面临着比公办高校更多的发展风险。独立学院的管理层目前普遍缺乏对风险管理紧迫感，不仅风险意识比较薄弱，对风险问题缺少前瞻性认识，而且也缺乏科学应对风险的处置方案，忽略对学校发展中可能发生的危机及风险应对策略。通过简单介绍国内外高校风险管理研究动态及发展趋势，以及对研究意义、目的等的解释，进一步引申出研究独立学院风险管理的必要性和重要性。

第二章通过借鉴和研究国内外风险管理相关文献与理论综述，以及风险管理理论的发展，独立学院风险管理理论探索及成果等，奠定研究独立学院风险问题的理论指导基础。主要理论包括风险管理理论的主要学派、全面风险管理理论及委托代理理论，此外还包括部分学者对独立学院风险管理问题的研究成果。这些理论和研究成果是前人对风险问题研究探索的总结，也是经历过大量实践检验证明能取得明显成效的，对于正确分析和研究独立学院风险问题具有极高的参考价值。

第三章重点分析独立学院面对的外部风险，外部风险一般是指独立学院普遍面临的，且通常是很难由投资方控制的风险，主要包括政策风险、投资方与母体高校合作风险、是否转设风险、生源风险、就业市场风险。这些风险大都是独立学院的特有风险，甚至从其诞生就如影随形地存在着。对这些风险分析与研究的目的主要是在找出风险原因的基础上，为后续研究如何化解这些风险，提出有针对性的解决方案奠定良好基础。

第四章重点分析独立学院发展过程中所面对的内部风险，包括委托代理风险、管理层领导力与执行力风险、师资队伍风险、专业设置风险、财务风险。这些风险是学院发展过程中普遍存在的，是可以通过科学规范的管理实现有效控制，甚至可消除风险隐患。通过对这类风险及产生原因的深入分析，找出风险真正症结所在，为后续解决这类风险问题提供有价值的依据。

第五章在前几章对 10 大风险问题全面分析的基础上，经过认真梳理，提炼出 6 个重要影响因子，并且提出了构建“六位一体”的独立学院全面风险管理体系的对策建议。“六位一体”包括规范独立学院法人治理，建立健全全面风险管理组织制度体系，大力提升独立学院办学质量，完善激励机制，建立风险识别、评估、应对、控制和防范机制，建立有效的财务管理风险控制体系。这 6 个对策建议相辅相成、不可分割，构成独立学院全面风险管理的有机整体。大力推行“六位一体”对策符合独立学院实际，具有可操作性强、见效快的特征。

第六章选取 2 个有代表性的独立学院风险管理案例进行重点研究。一是在全国产生很大影响的兰州某独立学院女教师刘某患癌症被开除事件；二是浙江某独立学院停止招生事件。前一案例主要风险是管理层不懂法、管理失当、采取错误处理方式，造成恶劣的社会影响。后一案例主要风险是投资方与母体高校分工不明确，委托代理不规范，合作过程中矛盾激化，最后引发无法继续合作办学。通过对 2 个风险问题比较突出的实际案例分析引发思考，并引以为鉴，从中吸取教训，在今后的工作中，高度重视风险管理问题。

第七章围绕本项目的研究进行了结论汇总，同时对一些目前难以获得的研究数据、无法实现的目标，或者是有一定局限性的研究方法，以及需要在今后进一步深入展开研究的内容做了说明，主要是为下一步做更深入的研究确定重点和方向。

第六节　主要研究的创新点

本书针对独立学院全面风险管理做了认真研究，一方面可以弥补独立学院全面风险管理研究和实践的空白；另一方面可为独立学院的风险管理提供一定的理论支持和一定的管理建议，以免重蹈那些已停办的独立学院的覆辙。此外，通过研究独立学院风险管理，为国内独立学院提高风险管理水平、避免风险产生损失，提供有重要现实意义和参考价值的解决方案。

一是首次将全面风险管理理论、委托代理理论和相关激励理论综合运用到对独立学院风险问题的研究中。目前，国内对独立学院的研究缺乏强有力的理论指导，大多是就事论事，理论的综合运用非常有限。本书以全面风险管理理论、委托代理理论和相关激励理论为指导，对独立学院风险问题及对策进行了深入分析和研究。这些理论的综合运用有助于找出独立学院风险问题产生的根源和症结，也为后续提出风险管理对策提供了有力的理论支持。

二是首次对我国独立学院风险问题及产生原因进行了较全面的分析和研究。目前，独立学院风险的预警、识别与防范大都只是针对个别环节的风险，如财务风险、生源风险、招投标等，相关研究论文比较多的也是侧重于对特定风险管理问题的研究，缺乏将全面风险管理的最新研究成果用于独立学院的实际对策。本书基于对独立学院风险管理的经验分析和总结，围绕 10 个方面的风险问题，对 40 个重要影响因子进行了全面系统分析，为有针对性地解决独立学院风险管理问题奠定基础。

三是创新性地提出了“六位一体”风险管理对策。目前，对独立学院风险管理措施的研究缺少系统性和集成性，由于独立学院发展具有较高风险，但却缺乏具体行之有效的对策，在如何与独立学院的特点相结合并加以应用方面，对策明显不足。从本书的第三章、第四章中重点分析的 40 个影响因子中提炼并归纳出 6 个方面的风险管理关键问题，开拓性地提出了“六位一体”构建独立学院全面风险管理体系的对策与新思路，其中包括 29 项具体的风险管理任务。这些风险管理任务都是独立学院所面临的紧迫工作。笔者根据自己多年的经验和体会，在独立学院实施本书所述的“六位一体”对策，有助于实现全方位的风险管理，有助于避免由于某一决策者的行为而造成整个学院遭受过大的风险损失，同时也为独立学院实施全面风险管理提供一种新的、有价值的方法和工具。

目前，我国针对独立学院风险管理的研究与实践毕竟还只是刚刚起步，本课题研究并提出的“六位一体”独立学院全面风险管理对策，将为独立学院风险管理开辟一条新的道路。

第二章

风险管理相关文献与理论综述

chapter 2

<<<

风险是指对各种可能会造成损失或不确定结果的通称。所谓风险管理，就是指组织在对风险因素、风险环境、风险事件的分析和识别的基础上，通过采取应对措施和行动，对风险进行有效的控制，用经济、科学、合理的方法处置风险，以化险为夷，确保组织有效率发展的管理方法。风险管理的目的是处置和控制风险、减少和避免损失、保证组织各项活动的顺利进行。

第一节 风险管理的发展

一、风险的概念

风险是一个常用而宽泛的词汇，在经济、政治、社会等领域经常使用。目前为止，无论是在业界还是理论界，有关风险的概念都还没有一个统一的界定。比较常见的有关风险的定义一般都会涉及不确定性、概率、损失、波动性和危险等含义。海恩斯（Haynes）认为："风险是损失的可能性。"[1] 威廉斯（Williams）认为："风险是预期结果和实际结果的差异，它可以用概率加以测度。这是一种有代表性的观点，这种观点的长处在于能将风险量化，短处在于

1 周慧玲 . 风险管理学 [M]. 武汉：武汉测绘科技大学出版社，1996：2~6.

不同人的预期不同，从而风险难以找到客观测度标准。”[1] 罗伯特等（1980）认为：“风险的内涵是人们对财务损失产生不确定性。”[2] 库普等将这种观点写入教材，从而使它成为目前影响最大的风险观。库普强调风险的核心内容是“不确定性与损失”。

经济学中的风险通常是指结果的不确定性，这种不确定性可能对经济主体具有双重影响，即蒙受损失和获取收益的可能性。莫布雷（Mowbray）将风险分为两类，“其中纯粹风险只带来损失，投机性风险可以带来损失或收益”[3]。

二、风险管理

风险管理通常是指组织针对其所面临的风险，运用各种策略和手段进行有效控制、防范和管理的过程。风险管理在社会上尤其是在企业内部被广泛运用，效果显著。风险管理的过程包括对风险预警指标的分析、对风险危害程度的评估、对风险实施必要的控制和化解，对风险处理后的效果进行跟踪监控，对风险事件总结经验教训并制定补救措施等一系列任务。风险管理的目的是防控风险发生并造成危害。要实现这一目的，首先，预防和避免风险的发生。风险管理最优状态是尽量消除各种可能会引发风险的隐患，使风险难以形成，即使有些不可预测的风险出现，也在其处于萌芽时期就能得到及时发现和消除。其次，在风险发生时能及时应对，做好事中控制，从而有效减少和避免更大的损失。最后，在风险发生并造成损失后能及时处理风险问题，避免损失扩大甚至失控，并能在总结

---

1 周慧玲 . 风险管理学 [M]. 武汉：武汉测绘科技大学出版社，1996 ：2~6.

2 Robert I.Mehr and Emerson Cammack. Principle of Insurance[M]. RICHARD D.IRWIN,INC,1980.

3 Arthur Williams Peter. Young Michael Smith. Risk Management And Insurance[M]. McGraw-Hi Education-Europe, 2006.

经验教训、亡羊补牢的基础上，制定并完善新的、更加科学的风险管理机制，尽早恢复正常工作。

对风险进行管理的思想起源于人们的生产活动。在组织和企业的生产经营活动中，常常要面对许多风险和不确定性，人们在发展生产并取得收益的同时，自然也希望这一切都在稳定与安全的环境下实现，进而就出现对可能导致损失或危险的种种风险进行管理的思想。彼得·伯恩斯坦（P.L.Bernstein，1996）曾说过："人类早在文艺复兴时期就想操控灾害或风险。"[1] 当时，随着人们生产活动规模的扩大，伴随而生的风险也在不断增加，人们也开始有了对风险进行管理的意识。随着概率论的产生，从客观和科学的角度分析风险问题成为可能，这也推动人们开始对风险理论展开研究，与风险管理内涵相似的安全管理与保险理念逐步发展起来。当然，在这个阶段，风险管理的思路还仅限于如何防范对客观存在的、对实体损害的管理。

古典管理理论奠基人之一、法国管理学家亨利·法约尔（Henri Fayol，1916）认为，风险管理是公司的基本管理活动之一，他在其代表作《工业管理与一般管理》（*General and Industrial Management*）一书中，提出了企业的 6 种管理职能——经营职能、运营职能、财务职能、安全职能、会计职能及管理职能。[2] 他认为，其中的安全职能是所有职能的基础与保证，这个职能可以控制企业经营活动中可能会遇到的风险，从而确保企业健康发展。但限于当时企业管理风险问题并不十分突出，因此，他并没有形成完整、系统的风险管理的理论体系。

---

1 （美）彼得·伯恩斯坦，著．与天为敌——风险探索传奇 [M]. 毛二万，张顺明，译．北京：清华大学出版社，1999.

2 （法）亨利·法约尔，著．工业管理与一般管理 [M]. 迟力耕，张璇，译．北京：机械工业出版社，2013.

美国是最早提出风险管理理念并将其运用于风险管理实践中的国家，从 20 世纪 70 年代起，风险管理理论逐步走向世界，并在全球开始流行。1973 年，日内瓦协会的成立将风险管理思想带入欧洲；20 世纪 80 年代，风险管理进入亚洲和非洲。从此，世界各个国家普遍开始重视对风险理论的研究。

1983 年，各国专家学者在美国纽约参加了风险与保险管理协会年会，讨论并通过了《101 条风险管理准则》。这些准则为各个国家提供了一个指导风险管理的框架和参考，各国可将这些准则作为本国风险管理的一般原则。

如今，在现代西方发达国家，企业中普遍建立起风险管理部门或相关岗位，专门负责风险预警信息的收集、分析、整理、汇总等，在进行初步分析的基础上，及时上交管理层，以此作为高层进行风险管理决策的依据。正如美国著名金融学家彼得·伯恩斯坦（Bernstein, P.L.，1996）所说，风险管理的极端重要性无论怎么强调都不过分，它甚至“超越了人类在科学、技术和社会制度方面取得的进步”[1]。

三、风险管理过程

著名管理学者斯蒂文·芬克（Fink）在 1986 年出版了一部名为《危机管理：对付突发事件的计划》的著作，在这部著作中，他首次提出了“危机生命周期理论”。他认为，危机这一比较抽象的事件实际上和所有有生命的生物一样，其发展过程也经历了一个由诞生、成长、成熟到死亡等不同阶段所组成的完整周期，具有自身独特的规律性，并且危机在其所处的每一个阶段都呈现出不同的生命

1 （美）彼得·伯恩斯坦，著．与天为敌——风险探索传奇 [M]. 毛二万、张顺明，译．清华大学出版社，1999.

特征[1]，继而提出了风险生命周期的划分方式。他把组织风险的发展分为5个阶段：一是风险酝酿阶段；二是风险突发阶段；三是风险扩散阶段；四是风险处理阶段；五是风险处理结果和后遗症阶段。

独立学院的风险管理就是针对风险发展的5个不同阶段，通过风险监测、风险预警、风险决策和风险处理，达到避免、减少风险产生的危害，总结风险发生、发展的规律，对风险进行科学化、系统化的处理过程。当风险处于酝酿期时，如果及时处理，最容易解决问题，但也最易被人们所忽略，为把潜在风险遏制在萌芽状态之中，决策者应该时刻注意防微杜渐，牢固树立风险意识。当风险突发并进入扩散期时，事态可能从强度上迅速增大，影响也越来越严重，甚至会引发一连串新的风险。这是风险处理的关键时期，为避免造成局面失控，决策者要果断采取措施，及时纠正风险突发造成的损害，防止事态扩大。当风险处于解决阶段并进入风险处理结果和后遗症期，风险经过紧急处理，组织秩序逐渐开始恢复，各项工作渐渐步入正轨，但这并不意味着风险的真正结束。如果组织风险成因问题未能彻底解决，组织风险的残余因素可能会经过发酵，所疏忽的风险在后遗症期还会卷土重来，从而使风险重新进入新一轮酝酿期。决策者应当对风险发展中所暴露出来的各种问题进行反思，对风险处理中获得的经验和教训进行总结。同时，仍要保持警惕，防止风险再度出现。

其他一些学者也提出了与风险管理相适应的风险管理过程的观点，如道弗曼（Mark S. Dorfman）认为："风险管理过程由三个步骤组成，第一步：识别并衡量潜在的风险；第二步：选择最有效

1 王慧. 基于危机生命周期理论的企业危机管理策略探讨[J]. 企业经济，2009(10)：38~40.

的方法控制风险，并予以执行；第三步督察其结果。”[1] 美国当代风险管理与保险学权威之一斯凯柏教授（Skipper）在其著作《国际风险与保险：环境—管理方法》（*International Risk and Insurance: An Environmental-Management Approach*）中提出：“在理想状态下，风险管理的程序是：识别和评估与事件、活动相关的可能结果；开发有效处理这些风险的技术；执行并定期检查计划。”[2]

国内学者普遍认同的风险管理程序包括以下 4 个环节。

第一步——风险识别。防范和规避风险威胁的产生，首要任务是识别风险，要识别风险首先要收集风险信息。独立学院可以参考《中央企业全面风险管理指引》的要求，广泛深入持久地收集影响独立学院办学目标实现的各种有利因素与不利因素，包括内部与外部，历史的、现时的及未来预测的，并将收集的职责分工落实到有关职能部门。为提高风险识别率，独立学院应重视风险预警指标体系的建立，当这些预警指标发生变化时，则预示着某种风险可能会发生，特别是这些指标明显出现异常时，这就需要引起及时警惕和重视，常用的风险识别方法可以采取在独立学院重要风险单位设立信息采集点，由专职风险管理人员负责具体信息采集、分类、分析和汇总，然后通过专家或管理层讨论分析，结合实际情况，识别风险的性质、扩散可能性和影响程度。

第二步——风险评估。风险评估就是对风险进一步恶化的可能性及相对影响程度、影响面以及是否需要采取干预措施进行评估。特别是对那些已经确定为重大风险影响因子发生异动时的评估。通过评估，将不同风险危害程度排序，按轻重缓急及时采取应对措

1 （美）道弗曼，著．当代风险管理与保险教程 [M].（第 7 版）．齐瑞宗等，译．北京：清华大学出版社，2002.

2 （美）小哈罗德・斯凯博等，著．国际风险与保险：环境—管理分析 [M]. 荆涛等，译．北京：机械工业出版社，1999.

施。评估需要较高的判断力和分析力，特别是对于那些看似平常的风险，很可能孕育着巨大的危机，如果不能做出科学合理的评判，就会积小成患，难以收拾。目前，人们在实践中总结很多行之有效的评估方法，比如敏感性分析、德尔菲专家评估法、风险数据库及分析软件、定量分析与定性分析结合等。总之，当识别到风险后，管理层不要等到风险造成各种损失甚至失控时才去评估风险的大小，这时很可能为时已晚。因为从评估到采取措施通常会有一个滞后期，评估拖延意味着后续措施可能付出的代价要远远超过早期及时风险评估，甚至可能无法争取到有利时间。

第三步——风险管控。风险管控就是对风险采取干预和管理措施，及时控制住风险的发展和恶化。风险管控是减少或消除风险负面影响非常关键的环节，有效实施管控包括针对不同风险状态实施多种不同应对措施：一是风险转移策略，主要用于风险的事前控制，在没有出现风险之前，做到未雨绸缪，将可能出现的风险通过某种形式，转移到其他方分担，如为学校资产和教职员工购买相关保险，通过合同约定，一旦出现风险问题，由此造成的损失就可以由保险方分担。二是风险消除策略，就是在风险发生时，采取果断措施，将风险引发的破坏作用及时制止，同时尽快从源头上消除风险产生的诱因，防止风险损失和影响的扩大。这种策略的实施一定要当机立断，不可拖泥带水，特别是对可能引发重大损失的风险，更不能任其发展蔓延。三是风险降低策略，就是在风险难以根本消除的情况下，通过管控将风险控制在一个可以接受的程度内。虽然风险被控制在一定可接受的范围内，但绝不能掉以轻心，要随时观察和评估，防止这类风险扩大和蔓延。比如，独立学院骨干教师跳槽现象严重，也很难从根本上解决这一问题，但可以采取加强对青年教师的培养和锻炼的策略，保证有一定数量的优秀教师队伍储备，从而降低骨干教师跳槽引发的师资风险。四是风险保留策略，有些风险可能由于某些原因而根本无法消除，或者是风险微不足道，不值得投入成本采取管理措施，最好是接受现实而将这类风险保留下来，但这决不意味着可以消极对待这些风险，更不能任由这些风险积少成多，否则将一发而不可收。对于这类风险，管理层要保持清醒的头脑，在认真分析这类风险发展规律和影响后果的前提下，随时关注这类风险的变化情况，一旦风险损失苗头的发展超过可承受范围，就要及时采取控制措施。五是风险规避策略，为完成某些工作任务或实现决策目标，通常可以采取多种方法，但不同的方法可能会产生不同的风险，这时最佳解决方案就是采取规避风险损失最大的方法。以上这些风险管控方法各有其最好的适用场合，可以根据实际情况，采取一种或多种策略组合使用。

第四步——效果评价。风险管控是否能达到预期效果，还需要对其进行综合分析和评价，包括分析、比较已实施的风险管理方法的结果与预期目标的契合程度，以此来评判风险管理方案的科学性、适用性和有效性。效果分析重点是：第一，分析风险的原因是否真正找到，风险识别的信息是否反映真实情况，还有哪些信息没有掌握；第二，对风险的评估是否准确，特别是对风险损失和恶劣程度的判断是否符合实际；第三，采取风险应对措施后，风险是否得到有效消除或控制，是否还有未解决的遗留问题，这些遗留问题是否会产生新的风险；第四，风险控制措施是否已被用于实际工作中，是否需要进一步补充和完善风险控制措施，作为今后制定风险管理目标，设计消除风险隐患方案，修订完善风险控制程序、应急预案的依据；第五，是否做到认真总结经验教训，合理划分责任，在此基础上，进一步分析风险的危害程度和影响范围，是否制定并采取防范措施以保证能消减今后出现类似的风险，确保持续健康发展的目的。

第二节　国内外风险管理主要研究成果及文献综述

风险管理是一门新兴学科，但发展很快，已经成为一种国际上的前沿学科，受到各国专家学者的广泛关注，在各行各业的管理中得到广泛的应用。

一、早期的风险管理研究

业内通常认为，最早对风险问题展开系统研究的是美国哥伦比亚大学学者威雷特博士（Allan H. Willet）[1]。他在 1901 年哥伦比亚大学博士论文中对风险提出的定义是：所谓风险就是“关于不愿意发生的事件发生的不确定性之客观体现”。1921 年，马歇尔（Marshall）在《企业管理》（*Business Administration*）一书中提出风险分担管理（administration of risk-bearing）的观点，并提出风险处理的方法有风险的排除和风险的转移。[2]

学术界还普遍认为，美国在 20 世纪 30 年代发生的最严重的经济危机是促进人们开始对风险管理理论展开系统研究并推广实践的

1　黄津孚 . 论机遇与风险的关系 [J]. 福建论坛（人文社会科学版），2004（6）：19~23.

2　卓志 . 风险管理理论研究 [M]. 北京：中国金融出版社，2006.

重要原因。经济危机的爆发对美国和世界经济造成巨大的破坏。据报道，美国当时有大约40%的企业和银行破产倒闭，经济危机造成的损失促使企业管理者意识到风险的巨大破坏性，于是在美国工商企业界，风险管理逐渐发展为一种非常重要的管理手段。面对风险痛定思痛，人们也开始思考风险是否可以预测、是否可以防范、是否可以有效控制，如何减少风险造成损失等重大问题。一些学者开始专门研究各种风险的管理问题。

早期风险管理研究缺乏系统性和全局性，研究的重点只是局限在某些局部或单一的层面上。比如，风险管理的内容主要是针对信用风险和财务风险，而对其他领域的风险管理问题则较少涉足。以人为因素理论（human factor theory）为例，该理论认为，各种风险的发生与人的因素有着非常密切的关系，包括先天遗传的个性、人的失误、危险动作、意外事故等。其代表人物是美国的海因里希（H.W.Heinrich），他提出著名的多米诺骨牌理论（the Domino theory）（1941），并用图解的方式，把意外事故的发生表述为一系列因素连续作用的结果。他认为，风险管理应重视对人为因素的管理，主张采取改变人们行为的方法来控制风险，如加强安全规章制度建设，加强安全教育培训和风险教育等。

1970—1990年是风险管理发展的重要阶段。这一时期，随着经济、社会和科学技术的迅速发展，人们所面临的各类风险也越来越多。1979年美国三里岛（Three Mile Island）核电站的爆炸事故、1984年在印度的美国联合碳化物公司（Union Carbide Bhopal, India）农药厂发生的毒气外泄事故以及1986年苏联切尔诺贝利（Chernobyl, Formal USSR）核电厂发生爆炸等多起重大科技灾难，对风险管理在全球的推动与发展起到了极大的催化和推动作用。

总之，早期的风险管理研究的重点是对风险发生后如何进行风险化解和管理，企业的风险管理实践也只是在管理层意识到有风险发生时才去管理。相比今日而言，早期对企业的风险防范和风险管理普遍采取头疼医头、脚疼医脚的方式。这种管理缺乏系统性和科学性，由此可能出现风险管理的盲目性和随意性，要么是管理过度，不该管的也管，造成风险管理成本较高；要么是管理不到位，该管的没有人管，只有等到出现大乱子并造成较大损失时才仓促管理，一切都已经太晚。

二、全面风险管理理论

Yates 和 Stone 于 1992 年首先提出了风险结构的三因素模型，他们认为，“风险是由三种因素构成的：①潜在的损失；②损失的大小；③潜在损失发生的不确定性”[1]。风险三因素模型构成现代风险理论的基本概念及框架，是研究风险问题的切入点。20 世纪 80 年代末 ~90 年代初，随着科学技术和政治经济的繁荣与发展，各类经济组织所处的环境也发生了巨大变化，所面临的竞争也更加激烈，风险也较过去有了更多的新特点，越来越多的企业认识到，影响组织发展的风险已不再是某个单一的风险，而是多种风险同时并存，它们相互影响、相互作用、此消彼长、错综复杂，企业如果不能全方位地综合管理风险问题，没有建立起全面风险防控机制，很可能随时就会被风险问题所造成的危机击败。因此，企业必须从综合角度考虑风险形成的原因和规律，尽量全方位研究和防范风险，不能仅仅从某个个别环节上考虑风险问题。在这一背景下，逐渐产生了全面风险管理的理念。

关于全面风险管理的定义经历了从百家争鸣到整合统一的历程。20 世纪 90 年代，整合风险管理理念开始出现，Kent D.Miller

1 Yates J. F., Stone ER.Risk appraisal[A].In J.F.Yates(Eds.). Risk taking behavior It. New York：John Wiley & Sons Ltd.，1992 ：387~408.

（1992）首先提出了整合风险管理（integrated risk management，IRM）理论。该理论认为："整合风险管理是一种从整体上考虑系统面临的各种风险，建立全瞻性的优化组合机制的管理体系。"[1]

美国麻省理工学院缪柏洛克（Lisa Meulbroek）教授（2002）认为："所谓公司整合风险管理，就是对影响公司价值的众多因素进行辨别和评估，并在全公司范围内实行相应战略以管理和控制这些风险。整合风险管理的目的就是将企业的各项风险管理活动纳入统一的系统，实现系统的整体优化，创造整体的管理效益，提升或创造企业更大的价值。"[2]

进入21世纪，新的重大风险再次出现，特别是"9·11"袭击事件、大公司倒闭事件等，其造成的影响和破坏更加严重，也使众多企业意识到风险产生的原因是复杂多样的，必须有对应的综合风险管理手段；否则，抓不到实质，难以从根本上解决各类风险问题。

2001年，北美非寿险精算师协会（Casualty Actuarial Society，CAS）在一份报告中，明确提出了全面风险管理（enterprise-wide risk management 或 enterprise risk management，ERM）的概念，CAS（2003）对ERM的定义是："ERM是一个对各种来源的风险进行评价、控制、研发、融资、监测的系统过程，任何行业和企业都可以通过这一过程提升股东短期或长期的价值。"[3] 2003年7月，美国全国反虚假财务报告委员会下属的发起人委员会（COSO）颁

---

1 Miller Kent D.A. Framework for Integrated Risk Management in International Business [J]. Journal of International Business Studies, Washington, Second Quarter, 1992，23(2).

2 Lisa Meulbroek. The Promise and Challenge of Integrated Risk Management [J]. Risk Management and Insurance Review, 2002, 5(1).

3 The process by which organizations in all industries assess, control,exploit ,finance and monitor risks from all sources for the purpose of increasing the organization's short and long term value to its stakeholders.

布了《企业风险管理——整合框架》，其中定义“全面风险管理是一个过程，这个过程受组织的董事会、管理层和其他人员影响，应用于战略制定、贯穿在整个组织之中。全面风险管理旨在识别影响组织的潜在事件并管理风险，使之在企业的风险偏好之内，从而为组织目标的实现提供合理的保证”[1]。

全面风险管理作为一种全新的风险管理理念，是对传统风险管理理论的挑战和超越，它的目标是把组织面临的所有风险都纳入一个有机的、具有内在联系的风险管理体系中。这一体系包括组织风险管理目标及制定的安排，组织风险管理机构的设置，组织风险管理程序和风险管理信息系统，组织风险管理识别、评估、管控、跟踪检查的落实等。全面风险管理理念的出现，为管理层进行有效风险管理提供了新的方法和思路。管理层通过制定风险管理战略和决策，力求实现确保业绩增长和收益与风险之间的平衡，在追求安全稳定发展的目标过程中，有效地预防和化解风险。

全面风险管理理论的中心理念是，通过系统的观点和角度进行风险管理，也就是要对组织内各个层次业务环节、各种风险来源以及类型进行通盘考虑，对各类风险进行识别、评估并汇总，然后根据损失影响程度和轻重缓急对风险进行有效管理和控制。全面风险管理是一个非常复杂的体系，现在国际上流行的 COSO（美国发起机构委员会）和 GARP（全球风险专业人员协会）的全面风险管理框架都包含内部环境、目标设定、事件识别、风险评估、风险对策、控制活动、信息和交流、监控等 8 大要素，而风险管理基础设施、过程和环境构成全面风险管理体系的 3 大平台。

相比过去的风险管理，正是由于全面风险管理具有更加科学、更加合理和更加综合的特点，其代表着风险管理未来的发展趋势。

---

1 （美）COSO 制定发布，著 . 企业风险管理——整合框架 [M]. 张宜霞，译 . 大连：东北财经大学出版社，2003.

此外，全面风险管理也是当今企业汲取经验教训，为完善风险管理、有效预防和避免发生风险损失而提出的一种必然要求，因此也更适用于大多数的企业，如今已广泛应用于企业内部每个层次和部门。实践证明，全面风险管理的理念和方法是一种避免片面性的有效风险管理办法，具有普遍应用价值，从而也促使全面风险管理从企业走向其他领域，为其他社会组织风险管理日益提供着非常有价值的指南。

三、委托代理理论

独立学院存在着多重管理学意义上的委托代理关系，如投资方与董事会之间、董事会与学院管理层之间、管理层与教职员工之间等。他们之间信息上的不对称，加上各自追求的效用函数不同，如果这些代理关系处理不当，都会产生代理风险，包括事前信息不对称产生的逆向选择风险和事后信息不对称产生的道德风险等。因此，从委托代理角度研究独立学院的风险问题已经得到人们越来越多的重视。也正因如此，独立学院需要通过委托代理理论（principal-agent theory）的指导，了解委托代理风险的实质，为减少委托代理风险奠定基础。

（一）委托代理理论概述

委托代理理论是现代契约理论重要的组成部分。委托代理理论主要解决的问题是在信息不对称条件下，委托方如何通过设计一套合理的激励机制，并以委托代理协议的形式，确定代理方的责、权、利，以此约束和激励代理方，达到能有效减少或避免代理方做出不利于委托方行为的风险。该理论一经问世便迅速被现代制度经济学所接纳。如今，委托代理理论的应用也从企业领域延伸到高校领域，特别是在民办高校领域，比如独立学院等。

亚当·斯密（1776）在《国富论》中对股份制公司的委托代理现象进行了研究。他指出："股份公司中的经理人员使用别人而不是自己的钱财，不可能期望他们会有像私人公司合伙人那样的觉悟性去管理企业……因此，在这些企业的经营管理中，或多或少地疏忽大意和奢侈浪费的事总是会流行。"[1]

20 世纪 30 年代，随着科技和生产力的发展，其生产规模也日益增大。这种规模化的生产使得分工进一步细化，企业的所有者因知识、能力和精力有限，很难完全驾驭和行使所有者权利。现代经典委托代理理论奠基人、美国经济学家伯利和米恩斯（1932）发现，企业的所有权与经营权不分，企业的老板既是经营者也是企业的所有者，这种做法存在很多风险问题，如企业所有者经营知识和能力有限、体力精力有限，很容易顾此失彼，难以做到面面俱到等。同时，他也注意到，社会上存在着不少受过专业教育、具有较丰富的管理知识和经验的人，他们既有精力，也具有受他人之托、专门从事管理工作的能力。于是伯利和米恩斯在《现代公司与私有财产》中最早提出"所有权与控制权的分离"的命题，积极倡导所有权和经营权分离。他们认为："企业所有者作为委托人，为了实现自身效用最大化，可保留剩余索取权，而将其所拥有资源的某些决策权授予代理人，并要求代理人提供有利于委托人利益的服务或行为。"[2] 此举开创了从激励角度研究企业代理人的先河。

20 世纪 70 年代后期，面对企业普遍存在的代理人有效激励的问题，一些学者开始关注并研究在信息不对称情况下，委托人

---

1 （英）亚当·斯密，著．国富论 [M]. 唐日松，译．西安：陕西人民出版社，2001.

2 （美）科斯，阿尔钦，罗斯，等著．财产权利与制度变迁 [M]. 产权学派与新制度学派，译．上海：上海三联书店、上海人民出版社，1994.

又不能随时实施监管的条件下，如何使代理人有内在的动力、主动并尽全力完成既定任务的问题，从此，委托代理理论逐步完善并发展起来。

现代意义上的委托代理概念是由美国学者科斯（Coase R. H.）和阿尔钦（Alchain A.）以及诺斯（North D.）（1973）在《财产与制度变迁》一文中提出的："如果当事人双方，其中代理人一方代表委托人一方的利益行使某些决策权，则代理关系就随之产生了。"[1] 代理经济学的创始人詹森（Michael C. Jensen）和威廉·麦克林（William Meckling）1976 年发表了《企业理论：经理行为、代理成本与所有权结构》一文，根据詹森和麦克林给出的定义，"委托代理关系是指一种契约，根据这个契约，一个或多个行为主体指定雇用另一些行为主体为其提供服务，并根据其提供的数量和质量支付相应的报酬"[2]。从此以后，包括信息经济学、契约理论，委托代理理论在内的学说，都从不同的角度对代理人行为的激励与约束问题进行深入的研究。委托代理关系有广义和狭义之分。广义的委托代理关系泛指承担风险的委托人授予代理人某些决策权并与之订立或明或暗的合约；狭义的委托代理关系是专指企业在两权分离情况下，出资方通过委托代理协议，将代理方的责任、权力、义务明确做出约定，凡在合约中未经指定的权利（剩余索取权）都归属委托方。在此基础上将企业经营权交给代理人，并按约定考核及奖励代理方。

通常，委托方与代理方各自追求的效用函数是不一样的。委托方希望代理方能忠实地履行责任，并在一定的激励与约束条件

1 （美）科斯，阿尔钦，罗斯，等著. 财产权利与制度变迁 [M]. 产权学派与新制度学派，译. 上海：上海三联书店、上海人民出版社，1994.

2 陈郁. 所有权、控制与激励——代理经济学文选 [M]. 上海：上海人民出版社、上海三联书店，1998.

下，确保为委托方带来效益的最大化。代理方在选择接受委托时，同样也希望自己的投入能得到回报，如果代理方感到可能获得的最大效用大于放弃接受该委托而选择其他行动所得到的最大效用时，就会选择愿意接受委托任务，也就是所谓的“参与约束”；反之，如果缺乏必要的激励，或者是激励不足，自己的经济利益和精神追求得不到满足，代理方很可能选择不接受代理任务，即使因某些原因而签订委托代理协议，由于代理方感到没有动力，再加上信息不对称，代理方通常会采取某些机会主义行为，如减少工作投入，以权谋私等，结果是委托方虽然表面上节省了一笔激励代理人的费用，但其代价却是不能实现自身效用的最大化。根据“激励相容约束”原理，委托方若想让代理方即使在没有监督的环境下仍能发挥积极主动和创造性精神，真心实意为委托方努力工作，就必须考虑要尽量满足代理方自身效用最大化的需求，通过委托代理协议，设计并实施一整套必要的激励约束措施，以此换取代理方的真诚投入，从而收到委托人和代理人“双赢”的效果。

（二）逆向选择与道德风险

在委托代理关系中，最常见的风险有两种：一是逆向选择；二是道德风险。1970 年，经济学家乔治·阿克尔洛夫（George A. Akerlof）发表了一篇论文——《柠檬市场：质量不确定性与市场机制》，开创了信息经济学的一个全新研究领域——逆向选择与应对机制。所谓逆向选择，原本是指“由于交易双方信息不对称和市场价格下降产生的劣质品驱逐优质品，进而出现市场交易产品平均质量下降的现象”[1]。在很多领域，都可能存在着逆向选择的风险问

1 （美）乔治·阿克尔洛夫．柠檬市场：质量不确定性与市场机制 [J]. 谢康，乌家培，译．经济导刊，2001 (6)：1~8.

题。以独立学院为例，学院董事会是委托方，学院管理层是代理方。由于希望成为独立学院管理者的人比委托方更清楚地知道自己的实际能力水平，尤其是能力较低的人不仅不愿意诚实地披露与自己的真实能力条件有关的信息，甚至有时还会制造虚假的或模糊的信息。这样，在委托与代理双方订立合作契约时，如果委托方由于无法鉴别隐瞒信息的未来独立学院领导层能力，再加上办学经费有限的制约，通常会采取“一刀切”的方式，即通过制定一个平均中等水平的激励方案将风险程度设定为某一平均水平，如此一来，那些水平不高的领导者就会倾向于参与独立学院管理层的竞聘，而那些管理水平高于平均水平的人则因为预期报酬达不到自己要求而放弃参与管理层聘岗。结果，委托方原本希望能找到管理能力较高的人作为代理人，可能就会面临着较大的代理者水平较低的风险，甚至可能聘用能力平庸的人进入管理层，这实际上就是一种典型的逆向选择。

“道德风险”是指合作参与方在从事经济活动中，利用信息不对称和其他机会，最大限度地追求并取得自身效用的同时损害其他合作方的行为。在委托代理关系中，道德风险通常表现为代理方在委托方无法实施有效监管的情况下，利用信息不对称和其他有利机会，千方百计地追求自身利益最大化的同时，甚至不惜损害委托方利益的行为。道德风险问题被广泛应用在委托代理问题的研究之中，研究结果发现，凡是存在雇佣关系的场合，都会产生道德风险问题。比如，由于所有权与经营权的分离，作为投资方的股东，将企业经营权交给以经理人为代表的代理方。如果监控机制缺失，激励机制不当，再加上信息不对称，使得那些拥有经营管理权的经理人员有可能无视股东利益，利用自己的信息优势，为了追求自身的利益最大化，甚至会采取弄虚作假、掩饰企业经营真实状况的做法，最终给股东造成损失。

以独立学院的董事会为例，无论是根据上级文件要求，还是现行实践要求，都必须把管理学院的任务委托代理人去做。但如果不能做到防止代理人做出与委托方无关的事，甚至与委托方要求相违背的事，比如，作为代理方的管理层可能为了一己私利或者扩大职权做一些违背委托方利益的事，就会给委托方带来一定的风险，这种现象就是一种典型的道德风险。

“逆向选择”和“道德风险”现象都产生于信息的不对称，即一方掌握对方所不具备的信息。区别在于，“逆向选择”指的是一方因为信息上的劣势而做出不利的选择，结果导致与信息优势的一方愿望相反的结果；而“道德风险”指的是处于信息劣势的一方在做出选择之后，另一方采取事先无法预期的行为，导致信息劣势的一方受到损失。

（三）委托代理关系的基本原理

在委托与代理关系中，委托方一定要了解代理方的行为原则，使其自身效用最大化，而代理人通常掌握着委托人所不了解的市场信息和个人信息，如独立学院的实际经营状况、代理人个人能力和工作能力水平、外部环境对独立学院的影响等。因此，委托方需要设计出一种代理方能接受的契约（合同），委托方与代理方之间经过讨价还价和相互协商，最终达成双方都能接受的契约（合同），在这种契约（合同）的约束下，委托方必须根据代理方的行为或结果给予代理方一定报酬，这种报酬是经双方事前约定的。委托方根据代理方的行为结果向代理方支付契约规定的报酬，从而会刺激代理方为实现自身效用最大化而努力工作，代理方在追求自身效用最大化的同时，委托方的效用也可以实现最大化。

在独立学院存在着多重管理意义上的委托代理关系，其委托代理关系既具有委托代理理论中所阐述的一般性特点，又具有自身特性。比如，代理方行为短期化和契约关系非市场化，由于工作侧重不同，委托方与代理方不可能形影不离，因此代理方工作努力程度如何很难及时被委托方观察到。这种信息不对称和掌控实权也为代理方利用手中的权力谋取私利创造了有利条件，如果缺乏有效的约束与激励机制，委托代理风险的发生一定会不可避免。显然，以委托代理理论为指导并应用于独立学院委托代理风险管理实践具有积极的现实意义。

第三节 国内学者有关独立学院风险管理的理论探索

经过快速发展的阶段后，独立学院运营所面临的风险也在不断显现。突出的有内外10大风险。其中的外部风险包括政策风险、投资方与母体高校合作风险、是否转设风险、生源风险、就业市场风险；内部风险包括委托代理风险、管理层领导力与执行力风险、师资队伍风险、专业设置风险、财务风险。这些风险如果管理控制不当，就可能成为压垮独立学院的因素。因此，独立学院需要正视面临的各种风险，探讨应对风险的防范措施已成为当务之急。

在教育环境不断变化的今天，独立学院面临的内外部不确定因素日益增多，对独立学院提高防范风险能力也提出了新的挑战。目前，我国独立学院关于风险管理的理论研究和实践，相对于企业风险管理研究还处于认识和熟悉的阶段，对风险管理的应用和研究也相对薄弱。此外，外部环境给予独立学院全面实施风险管理的保障和支撑作用也非常有限；从内部环境看，一些独立学院缺少风险管理意识和紧迫感，表现为学校缺乏风险管理相关政策和机制，从组织上也没有设立必要的风险专职管理部门和责任制度，不少风险管理措施流于形式，真正出现风险危机时，又不能有对应方法及时控制住风险；从理论研究上看，风险管理的研究与应用目前大多也只是涉及个别领域，如财务风险、招生风险等，其他领域风险管理和研究则相对滞后。因此，目前还没有产生什么适用于大多数独立学院风险管理的研究成果和有效范式，甚至可以说，独立学院全面风险管理研究和实践目前在国内还基本上处于空白状态。

中国地质大学（北京）硕士研究生张威（2012）对独立学院财务风险评价指标体系进行了专门研究，并将模糊综合评价理论运用于独立学院的财务风险管理中。张威在硕士论文《独立学院财务风险管理研究》中提到："为了能使独立学院对自身的财务风险进行有效的评价，及早地发现风险，需要从筹资、投资、资金回收、结余分配 4 个方面来将独立学院财务风险进行分类，分析产生财务风险的原因，并提出防范措施。在此基础上，选取财务评价指标，用模糊综合评价法对独立学院的财务风险进行评价。"[1]

李俊英（2011）重点研究了独立学院财务风险管理及内部控制问题。他认为："独立学院财务活动具有潜伏性、客观性、危害性、全面性和可控性的特点，它与企业和公办高校在运营环境、财务管理目标、治理结构等方面都不尽相同，因此要从内部控制的角度制定相应的对策。一是完善独立学院法人治理结构，优化内部环境；二是筹资风险控制；三是加强预算风险控制；四是经营风险控制；五是加强余额风险控制。"[2]

吴荣顺、宫照军（2006）对中美私立大学内部治理问题进行了比较研究，结论是："一是推进董事会构成的多样化，加强独立学院举办方、内部成员、社会第三方力量（或政府代表）以及其他利益相关者的参与，增加董事会决策的民主性，监督的多元化。二是要引进专业的行政、教务、财务、后勤管理人员，建立分工明确、密切配合的院务管理机制，以专业化、职业化的管理团队支撑和完善院长负责制。三是建立和完善独立学院内部的教师组织和学生组

1　张威 . 独立学院财务风险管理研究 [D]. 北京：中国地质大学，2012.

2　李俊英 . 基于内部控制的独立学院财务风险研究 [J]. 财政监督，2011（26）.

织，赋予其参与和监督学校运营重大事项决策的权利，构建独立学院内部主体间的权力分配和制衡机制。”[1]

何伟峰（2015）重点研究了独立学院经营风险问题，他从财务风险和非财务风险两方面进行了研究，认为：“民办独立学院在少生化和规模化的形势下，面临的经营风险是不可避免的。通过合理地分析经营风险中的财务因素和非财务因素可以加强独立学院对风险的敏感性，有利于民办独立学院进行经营风险管理，有效地规避风险，实现独立学院的可持续发展。”[2]

郭伟光、范春树（2014）对民办高校风险管理演进历史进行了重点研究。他们认为：“不同于企业的风险管理，民办大学的风险管理探索与实践有着自己独特的发展轨迹。进入 21 世纪以来，随着高等教育由精英教育走向大众化教育进程的加快，民办高校面临的风险不断增加：战略决策、教学质量、生源、师资、资金、环境、就业、评估等。各种信息传播手段的丰富，导致各种风险的影响和潜在后果也随之放大。风险管理的复杂程度和难度的迅速增加，对民办高校的长期健康稳定办学提出了严峻的挑战。民办高校必须突破传统的风险管理模式，从更加综合、全面的视角来分析和管理面临的风险。”[3] 他还提出了民办高校风险管理演进的 3 个动因：一是内部利益驱动；二是外部环境的驱动；三是理论研究的驱动。

刘宝存（2000 年）对美国私立高校的董事会制度进行了研究，他的研究结论是：“董事会制度是美国私立高等学校管理体制的一大特色，几乎每一所私立高等学校都设有董事会。美国私立高等教

1 吴荣顺，宫照军 . 论我国独立学院内部治理机制的问题与对策——镜鉴美国私立高校的比较研究 [J]. 民办高等教育研究，2010 (4)：17~22.

2 何伟峰 . 民办独立学院经营风险分析和风险管理 [J]. 现代经济信息，2013 （5）.

3 郭伟光，范春树 . 民办高校风险管理的演进、最新发展与动因 [J]. 长春工业大学学报（高教研究版），2014，35(3)：10~14.

育 300 多年来长盛不衰，这和私立高等学校的董事会制度有着密切的关系。”[1] 在对美国私立高校运行机制的研究中，刘宝存在对私立高校董事会制度进行深入分析的同时，还对高校董事会制度未来的发展趋势进行了研究，他认为：“美国私立高等学校的董事会制度已有 300 多年的历史，但近年来却面临着严峻的挑战。首先，随着教育民主化思潮的发展，民主参与已成为学校管理的重要趋势，教师、学校管理人员以及学生对董事会不能充分反映他们的利益这种局面日益不满，不但要求参与学校的内部管理，而且要求参与学校的外部管理，在学校管理决策中取得像欧洲大学的同行那样的地位。其次，自 20 世纪 60 年代以来，联邦政府加强了对高等教育的管理，不断出台法律和规章制度规范高等学校的发展，使高等学校董事会的自主权受到了侵蚀。再次，自 1970 年代中后期开始，美国奉行新自由主义经济政策，紧缩教育经费，减少了对私立高等学校的资助，私立高等学校面临着严重的经费危机。在这种情况下，美国私立高等学校的董事会制度不得不进行调整以适应形势的变化。”[2]

以上这些国内学者从不同侧面对独立学院面临的风险管理问题进行了研究，他们研究的风险问题及范围有着比较广泛的代表性，研究成果中不乏真知灼见，既有理论意义，也有实践意义，对笔者开展社会资本投资创办独立学院风险管理的研究也有很大启发和借鉴意义。

1 刘宝存 . 美国私立高等学校的董事会制度评析 [J]. 比较教育研究，2000（5）：43~47.

2 同上 .

第三章

独立学院的外部风险及原因分析

chapter 3

我国的独立学院是一个新生事物，在发展中必然会遇到很多内部和外部风险。要做好风险管理，首要需要识别风险。来自宏观层面的风险主要是指独立学院自身无法掌握和控制的风险，这些风险基本是由学院外部环境的影响所造成的。笔者认为，独立学院目前需要格外重视的来自外部的风险主要有以下 5 个方面。

第一节　独立学院面临的政策风险

由于独立学院的建立是国家扩大教育规模政策的重要组成部分，也已上升到国家发展战略层面，因此，要确保独立学院健康发展，国家配套政策的支持不仅必不可少，而且也显得尤为重要。

独立学院所面临的政策风险（Policy Risk）一般是指政府或上级教育行政主管部门针对独立学院的政策发生重大变化或是有重要的举措、法规出台，可能会引起独立学院运行发生波动，从而给独立学院发展带来风险。如前所述，我国独立学院的产生和发展是比较仓促的，国家最初对创办独立学院所采取的政策是国家不投入资金，只在政策上给予一定支持，只要能引入社会资本，解决国家教育投入不足问题，利用母体高校的优质教育资源，就可以很容易在原有基础上扩大办学规模，实现精英教育向大众教育的快速过渡。随着独立学院的发展，各种问题和风险也逐渐暴露出来，却没有与之相关配套的法律、政策、理论作指导，因此不得不边干边规范，边出政策，特别是由于任何政策都有其适用的边界，随着形势的发展变化，政策往往要根据现实情况而不断调整，一旦原有政策超越边界，就会有新的政策产生。

2016 年 11 月 7 日，第十二届全国人民代表大会常务委员会第二十四次会议通过了最新修订的《中华人民共和国民办教育促进法》，2016 年 12 月，国务院印发了《关于鼓励社会力量兴办教育促进民办教育健康发展的若干意见》(国发〔2016〕81 号)。新政策的制定和实施意味着国家将对民办学校实施差别化管理政策。这些政策明显会对独立学院的发展进程产生深刻影响，有些影响可能对独立学院发展有利，有些影响对独立学院来说可能还存在一定的不确定性，而有些影响对于某些独立学院来说则意味着风险加大。因此，独立学院要重视对政策性风险的防范与研究。

一、政策不确定性所产生的风险

针对独立学院的政策产生的不确定性影响通常表现为逆向性政策风险和突变性政策风险两种。所谓逆向性政策风险，是指在一定时期内，由于政策的导向与独立学院内在发展方向不一致而产生的风险。当独立学院运行状况与上级教育主管部门调整政策不相容时，就会加大这种风险。比如，独立学院根据自身成本运营情况希望增加学生的学费，教育主管部门若有针对性地出台相应限制性政策规定，就可能导致独立学院增加学费的计划落空。突变性政策风险是指由于教育主管部门政策口径发生突然变化而给独立学院发展造成的风险。比如，1999 年独立学院成立之初，国家在鼓励社会资本积极投资举办独立学院时并没有提出必须完成资产过户并作为独立学院法人资产的要求，但 2008 年的 26 号令规定中却突然提出这一要求，而且执行的是如果没有完成资产过户就不能通过教育部考察验收的新政策，这种突然的政策调整虽然本意是促进独立学院健康发展，但由于与部分先期投资创办独立学院的社会资本追求经济收益的目的背离，从而造成这些企业一时无法适应，甚至导致部分民间资本撤走或转移抽逃资金。

另外，我国针对独立学院的相关政策规定过于笼统而且缺乏强制性，可操作性较差，在现实中发挥作用很有限。比如，2016 年修订的《中华人民共和国民办教育促进法》提出“县级以上各级人民政府可以采取购买服务、助学贷款、奖助学金和出租、转让闲置的国有资产等措施对民办学校予以扶持；对非营利性民办学校还可以采取政府补贴、基金奖励、捐资激励等扶持措施”[1]。但现实是，这些政策基本都是原则性的，以助学贷款为例，具体如何扶持民办高校，政策上缺乏硬性规定，使得一些独立学院的学生申请不到国家助学金或奖学金。

根据 2016 年 11 月和 12 月的新政策，民办高校可以在营利性办学方式和非营利性办学方式中做出选择。选择非营利性办学的投资方没有剩余收益权，剩余收益权归独立学院法人，办学结余全部用于改善学校条件等。选择营利性办学方式的投资方可以取得办学收益，即使在办学中止时，也能取得办学结余。

面对这一新政策，独立学院无论做何选择其实都要面临风险。从政策层面看，国家明显更倾向于积极支持和鼓励投资方创办非营利性高校。根据政策规定，如果投资方选择非营利性办学模式，独立学院则可享受到“政府补贴、政府购买服务、基金奖励、捐资激励、土地划拨、税费减免等方面的优惠条件”[2]。除此之外，政策

1 《中华人民共和国民办教育促进法》，2016 年修订 .

2 《关于鼓励社会力量兴办教育促进民办教育健康发展的若干意见》（国发〔2016〕81 号）.

还规定："非营利性民办学校与公办学校享有同等待遇，按照税法规定进行免税资格认定后，免征非营利性收入的企业所得税。"[1]"新建、扩建非营利性民办学校，人民政府应当按照与公办学校同等原则，以划拨等方式给予用地优惠。"[2]"非营利性民办学校收费，通过市场化改革试点，逐步实行市场调节价。"[3]可见，政策提供给非营利办学很多优惠条件。但是，独立学院在选择非营利性办学模式并享受国家优惠政策的同时，也必须付出一定代价，那就是"非营利性民办学校的举办者不得取得办学收益，学校的办学结余全部用于办学"[4]，"非营利性民办学校清偿上述债务后的剩余财产继续用于其他非营利性学校办学"[5]。按照新政策的规定，投资方创办独立学院，将失去对独立学院的剩余索取权，也就意味着其投资行为实质上变成了捐资行为。

现有的非营利性学校如何向营利性学校过渡，目前国家还没有制定出相应具体办法和监管措施，最新修订的《中华人民共和国民办教育促进法》只是强调选择登记为营利性民办学校，应当进行财务清算，依法明确财产权属，并缴纳相关税费，经过审批、重新履行登记等手续。国家从政策上设置这些严苛的准入条件，表明国家对于选择营利性的独立学院来说，总体上是抱着一种既不太支持、也不太反对的矛盾态度，这也意味着独立学院想转成营利性办学单位过程一定会充满风险和困难。如果独立学院选择的是营利性办学性质，在享受一些优惠政策上，营利性与非营利性独立学院是有明

---

1 《关于鼓励社会力量兴办教育促进民办教育健康发展的若干意见》（国发〔2016〕81号）.

2 《中华人民共和国民办教育促进法》，2016年修订.

3 《关于鼓励社会力量兴办教育促进民办教育健康发展的若干意见》（国发〔2016〕81号）.

4 《中华人民共和国民办教育促进法》，2016年修订.

5 同上.

显区别的。在新政策中，虽然也提到“民办学校享受国家规定的税收优惠政策”[1]，但却强调“其中，非营利性民办学校享受与公办学校同等的税收优惠政策”[2]。至于营利性民办高校如何享受优惠政策则没有具体说明。另外，对学校用地实行的也是差别化政策。根据政策规定：“新建、扩建营利性民办学校，人民政府应当按照国家规定供给土地。”[3]从字面上看，营利性民办高校与非营利性民办学校相比，少了“用地优惠”几个字。这些都无形中加大了营利性民办高校的生存压力。由于兴办教育具有投入较高，办学经费收入相对固定的特点，不像是投资办实业那样可以实现低投入、高产出。因此，投资创办独立学院如果要取得投资收益，在没有国家政策支持情况下，要想保证学校生存和发展，在主要的收入来源是收取学费的情况下，还要有投资收益，是个非常困难且风险很大的任务。特别是在大多数独立学院还没有形成自己品牌效应的条件下，再加上人们对独立学院学历证书含金量认可度不高，高昂的学费必然难以为继。显然，仅靠不断提升学费是行不通的，如果在独立学院还没有走向完全成熟期就脱离政府的扶持和优惠政策，仅凭投资方单枪匹马办独立学院，显然风险是很大的。

其实，独立学院的身份与企业法人类同，不同之处是，独立学院不仅要受企业法的规范，还要接受教育主管部门的监管。从政府监管的角度看，对营利性独立学院的管理肯定要比针对非营利独立学院的管理更为严格。比如，政府对营利性独立学院的审批会有着更为严格的标准和程序；对于营利性独立学院，政府主管部门也将加大监管力度，同时会非常重视社会、学生和家长等的投诉，以保护他们的利益，这也对那些准备选择营利性办学模式的独立学院提

1 《中华人民共和国民办教育促进法》，2016 年修订 .

2 同上 .

3 同上 .

出了挑战。

二、政策规定中的资产过户风险

教育部26号令中第十二条规定："独立学院举办者的出资须经依法验资，于筹设期内过户到独立学院名下。"[1]对于非营利性民办高校的举办者来说，按照现行法律及有关政策规定，独立学院"存续期间，民办学校对举办者投入学校的资产、国有资产、受赠的财产以及办学积累享有法人财产权，任何组织和个人不得侵占、挪用、抽逃"[2]。这意味着，投资方一旦将资产过户到独立学院，其产权就属于独立学院，而与自己无关，既不能占用，也不能享有剩余收益权，根据国家这项政策的安排和要求，"投资"实质上变成了"捐资"。就目前的国情来说，这种政策很难让多数投资方吞下这一苦果。

另外，根据教育部对资产过户的要求，负责办理资产过户手续的是投资方，过户过程所涉及的各种税费也要由投资方来承担。按理说，只有发生交易行为且可能获利的情况下，才会愿意支付相关费用。在将资产向独立学院过户过程中，作为投资方不仅没有从中获利，反而是在无偿付出，为此而缴纳交易税及其他费用显然不合理。另外，政策在这一环节也出现了矛盾，前面说，投资方要将资产过户到独立学院，产权因此也发生了变更，独立学院坐享其成，而投资方又"捐资"，又为捐资行为支付税费，于情于理都说不通。按道理讲，谁受益谁交税，在这里却相反。独立学院作为独立法人，也是资产过户的受益方，本身是无偿得到财产，因此，即使一

1 《独立学院设置与管理办法》(教育部令第26号)，2008.

2 《关于鼓励社会力量兴办教育促进民办教育健康发展的若干意见》(国发〔2016〕81号).

定要交过户费，也应该由独立学院支付过户产生的各项费用，而不应该由投资方支付。

三、相关配套政策有待完善

教育部26号令的推出，一是为了明确产权关系，促进独立学院真正实现以独立法人的名义办学；二是让具备条件的独立学院逐步走向完全意义上的独立，消除办学过程中合作双方频繁出现的矛盾风险；三是解决办学质量差的独立学院出路问题，确保办学质量稳步提升。但是，如何落实和实现26号令的目标，目前还缺乏具有可操作性的具体政策和配套措施。比如，如何对独立学院进行政策扶持、如何评估独立学院的办学质量、如何设计独立学院师资的指导性配套政策等。目前，这些问题都还没有相关的具体政策来引导。从法律上讲，独立学院成为一种正式的办学模式，但在实际执行中缺乏操作性，尤其是我国的独立学院还有很多问题，需要通过不断规范使办学条件名实相符。比如，教育部26号令规定："独立学院在完全独立后，要进一步提高教学质量，并在条件成熟的时候，接受教育主管部门的教学评估，设立适合独立学院这类院校的质量评估体系，使独立学院与普通本科高校一样接受教育部的评估，并通过评估，整改或淘汰不合格的院校。"[1] 但对独立学院是采用与公办本科高校同样的质量评估体系，还是针对独立学院的实际情况和办学定位重新制定一套质量评估指标体系，就成为关系独立学院生存的大问题。

目前比较大的风险是独立学院配套的办学质量评估采取什么标准还没有确定，如果采用教育部《普通本科学校设置暂行规定》《普通高等学校基本办学条件指标（试行）》两个标准来要求独立学

---

1 《独立学院设置与管理办法》（教育部令第26号），2008.

院，则标准明显过高，多数独立学院恐怕都无法达标。其实，这两个标准是在我国高等教育精英化阶段提出的，前几年大学质量评估过程中，即使公办高校中也有不少只有靠临时突击，甚至弄虚作假，才勉强得以合格。目前我国的高等教育已进入大众化的阶段，正在向普及化的阶段迈进，一些办学条件指标及要求应根据高等教育发展的实际和我国国情做出适当调整。独立学院质量评估体系应基于历史发展与现实条件相结合，采取审核或评估，适度放宽办学条件的要求，重点关注其办学质量和社会影响，用社会、学生、家长和用人单位的标准来评判，更有利于其健康发展。

四、政府政策本身就具有一定的探索性

虽然独立学院是以民间资本投入，依托母体高校成熟的、现成的教学管理方式，利用母体高校现有的优质教育资源，通过合作办学方式开展高等教育的，但其运行和管理模式却明显不同于传统公办高校，也就是所谓按“新机制、新模式”办学，包括办学定位、投资方与母体高校合作方式、剩余所有权分配、法人治理等，都与母体高校有很大不同，在很大程度上具有开拓性和探索性。因此本质上属于一种新生事物，具有明显的试验性性质，而针对独立学院的政策也必然带有很大的探索性和易变性。比如，社会资本与公办高校教育资源的结合方式是否能保证独立学院健康持久发展？由于投资方与母体高校各自追求的效用函数不同，能否避免矛盾与冲突，实现通力合作？脱离母体高校，独立学院实现真正意义上的“独立”后，能否保证办学质量？营利性独立学院是否具有生命力？这些问题实际上都具有极大的不确定性，因此，政策也必然要不断探索如何破解独立学院运行中出现的各种问题。政策滞后、政策多变就成为其制约因素。政策的不确定

性主要体现在缺乏前瞻性和引领性政策，往往都是事后才出台相关政策，显得很被动。政策的不确定也给独立学院正常运行带来一定风险，因为参与方不知道未来会出什么新政策，也不知道新政策的出台是否经过充分论证和分析，一旦推出，必须执行，其效果带有极大不确定性。《中国青年报》的报道（2014）就谈到了类似的问题，该报道中提到："独立学院发展 10 多年来，在中国高等教育体系中缺少一个准确的定位，不但《中华人民共和国教育法》《中华人民共和国高等教育法》没有涉及这个问题，而且连《中华人民共和国民办教育促进法》对合理回报等有关问题都没有说清楚，独立学院的发展一直比较尴尬。"[1]

由于政策的不确定性和滞后性，使得独立学院参与方缺乏规范约束，容易各行其是，导致不少独立学院矛盾重重。比如，在收取一定比例学费作为管理费后，母体高校并不太关心其他与成本和收益有关的问题；而投资方则比较关注办学成本和效益，但双方对剩余控制权却都希望由自己一方占有，或占有较大比例，如浙江某独立学院、兰州某独立学院的案例就非常典型。正是由于相关政策的缺失，导致双方行为没有政策依据，从而各执己见，互不相让，由此引发甚至激化矛盾，进而影响到继续办学。

孙存昌（2009）在自己的研究中谈到："如果不能在制度和政策上完善独立学院法人实体的独立权利，健全内部组织结构，完善办学的日常规章制度，而只是使其在无序的环境中竞争，脱离高等教育发展规律，并简单地依据市场规则来运行，那么，独立学院能否走向独立，能否做到独立，其前景不容乐观。"[2]

随着独立学院的成长，如何使独立学院遵循高等教育自身内在

1 李剑平．独立学院大旗到底还能打多久 [N]. 中国青年报，2014-04-29.

2 孙存昌．独立学院设置与管理办法实施后的思考 [J]. 现代教育管理，2009（3）：48~50.

发展逻辑，如何保证独立学院在高等教育体系中找准办学类别的位置，如何满足经济风险后经济结构调整和转型后职业岗位群对独立学院的长线专业的需求倾向等，是独立学院保持持续健康发展必须面对的问题。缺乏正确办学定位指导下的独立学院只能沿袭照搬或模仿母体高校办学模式的路子，并降低对人才培养能力的要求。这些做法不仅无法提升办学水平、无法提高人才培养质量和满足民众对就业前景强势专业的需求，也很难在学科创新、突出办学特色上具有优势。最近，独立学院本专科毕业生在求职过程中逐渐受到冷落，就业情况渐入困境，究其原因，无不和独立学院的办学定位相关。完全独立后的独立学院如果不建立准确的办学定位，而只是在低层次的生源争夺、热门专业设置等方面做文章，只是按资本经济运行规则来运营，那么也就无法摆脱办学定位混乱、办学质量低下、发展前景暗淡等困境。

国家对独立学院是否持续采取支持和重视政策也是充满不确定性。以北京和上海为例，北京和上海都有大批全国著名的公办高校，这些高校经过20年来的发展，大都建设有新校区，也都实现了大规模扩招，过去那种不得不依赖民间资本投入高等教育的局面已经风光不再。也就是说，独立学院成立之初，国家投资教育的经费非常有限，而当时的民间资本成为稀缺资源，从政策上更多是鼓励的。如今，随着国家经济实力的提升，国家对高等教育的投入也实现了大幅度提高，目前的公办高校办学资金充裕，因此，与公办高校相比，独立学院已经是无足轻重的。公办高校的生源一旦减少，国家一定会从政策上优先保证公办高校的生源，至于独立学院，国家也只能采取任其自生自灭的态度。所以说，独立学院能否可持续发展，至少很难得到国家在大学扩招初期时那样的政策支持。

第二节 投资方与独立学院母体高校合作风险

我国独立学院的典型模式是由公办普通高校与企业合作创办的，独立学院创办之初，其投资方在很大程度上是抱着追求一定经济回报为目的而投资高等教育的，投资方主要是负责投资进行建设；而母体高校除了负责向教育主管部门申办成立独立学院，并负责学院日常教学和管理，还要向独立学院提供自己的品牌影响力、优质的教学资源和几十年积累的办学经验，并通过参与创办独立学院获得一定比例的经济收入。目前，全国大多数独立学院均采用这种办学模式。虽然双方通过合作，各得其所，但实际运作过程中，往往存在一些实际问题，从而引发各种矛盾和风险。

一、追求效用函数不同所引发的矛盾

在创办和经营独立学院过程中，投资方和母体高校双方存在着明显不同的效用函数。我国社会力量投资创办独立学院与美国的做法有很大不同。根据王璐艳对美国私立高校的研究（2014）："来自校友、企业界、基金会等方面的捐款成为私立高校经费的主要来源之一。"[1] 在我国，向独立学院捐款的个人或企业极少，独立学院

1　麦可思 . 谁是美国私立大学的金主？ [BD/OL]. 搜狐教育 .http://edu.southcn.com/jyzg/content/2014-04/17/content_97728070.htm2016-06-03.http://www.moe.edu.cn/srcsite/A03/moe_634/201606/t20160603_248263.html.

的投资方主要是企业，其中有不少是民营企业。毕竟投资创办学校出于纯公益目的的只占少数，社会资本投资创办独立学院，主要动因还是希望能在国家政策允许范围内获得经济回报。据全国人大教科文委员会的调查："90% 的民办学校投入资金是以谋求营利和回报为目的。"[1] 况且投资教育与投资企业不同，办教育需要巨大的投资，却很难出现投资企业那样所产生的爆炸式收益增长情况，因此时间越久，意味着发展中的不确定性越高。投资方所承担的风险就越高，如果机会成本大于经济回报，对投资方来说就会失去投资办学的意义和积极性。投资方投资通常是求回报的，从而导致投资方必然要注重成本控制，讲究投资效益。母体高校是公办性质，长期享受国家无条件资金支持，一切由国家安排，根本没有办学资金之忧，从而导致缺乏成本核算和效益意识。两种不同效用观经常会在独立学院运行过程中产生矛盾，比如在用人多少和待遇问题上就容易产生冲突。投资方的做法是，能 1 个人办的事，决不安排 2 人做，更不会安排 3 人去干；而母体高校对人浮于事现象早已司空见惯、习以为常，反而不习惯 1 人兼任多项工作的做法。再如，追求不同效用函数的矛盾也反映在改善办学条件上，投资方对实验室或其他教学设施的投入普遍注重实效，严格控制、压缩投入，避免华而不实，而母体高校比较偏好不计成本而搞高、大、上，双方往往因理念不同引发矛盾。在如何提升独立学院的学术氛围上双方也会产生不同观点，母体高校比较倾向出较高价格聘请校内外专家给独立学院的学生开设专题学术讲座，但投资方可能对此却不以为然，认为独立学院的定位是培养应用型人才，学生也缺乏学术探索能力和动力，因此不太主张在这方面花费太多。

1 独立学院为何难迎"成人礼"[N]. 中国教育报，2014-09-30.

二、剩余控制权之争引发的矛盾

所谓剩余控制权，是指“契约中未特别规定的活动的决策权”[1]。合作办学之初，投资方与母体高校通常会针对权利分配等事项签订《合作办学协议》和《独立学院章程》，由于人的有限理性，再加上各种内外部环境因素总是处于变化中，在设计双方合作协议条款时，不可能面面俱到，因此，就会存在如何解决协议书中没有列出、但在未来真实发生时谁有权决策的问题，也就是谁拥有剩余控制权的问题。由于投资方投入的是资金，当然关心资产安全，更希望投入的资产保值和增值，加上学校办学中的决策最终大都会反映为经济效益，因此，投资方自然希望享有更多的剩余控制权，以确保投入资金能得到回报。而母体高校投入教育资源和学校品牌等无形资产，又负责独立学院的具体教学和管理工作，自然也希望有更多的剩余控制权。特别是按照我国现行有关政策规定，投资方要将资产过户给独立学院，资产的所有权让渡给学院法人，资产的支配权就不再属于投资方，这就给学校管理者享有剩余控制权找到理由。出于追求个人利益最大化的动机，剩余控制权的掌控还有可能为管理层人员以权谋私创造条件和机会。因此，于公于私，学院管理层都希望有更多的剩余控制权，甚至不惜损害投资方的利益。于是，每当出现在合作协议中没有明确的权利分工情况时，双方就会产生争夺剩余控制权的矛盾，甚至因此影响合作办学。比如，上海某独立学院与投资方矛盾激化，导致停止办学的一个重要原因就是剩余控制权之争。

由于投资方不能通过直接的渠道获得剩余控制权和索取权，现行政策又无法确保投资方的利益，为避免作为代理方的管理层发生

---

1 张维迎. 所有制、治理结构及委托代理关系——兼评崔之元和周其仁的一些观点 [J]. 经济研究，1996(9)：3~15.

道德风险，确保投资方的利益，消除投资损失的风险，投资方大都会通过董事会的形式，参与重大决策的制定，让投资方的重大关切转变为独立学院的决策和任务，并将管理层的行为限定在委托方的利益范围之内，同时利用监事会对管理层的行为进行监督，防止发生管理层利用剩余控制权实施机会主义行为。当然，剩余所有权之争很容易造成相互扯皮、互不服气的局面。这表面上看是投资方讲求经济效益、学院管理层注重社会效益的结果，实质上是投资方为避免出现代理人道德风险的反映。如果解决不好有可能造成关系破裂，甚至导致无法继续办学的风险，如从某独立学院停止招生风波、兰州某独立学院女教师刘某患癌症被开除事件两个案例中都可以看到投资方与母体高校矛盾激化的影子。

三、投资方进入陌生的高等教育领域风险

对于大多数投资创办独立学院的社会资本来说，高等教育是一个完全陌生的领域。投资方所熟悉的市场经济规则在独立学院可能会失灵，教育不是简单的质量—效益的关系，比如，办学质量是吸引生源最重要的因素，但办学质量再高，每年的生源却不会因此而像产品那样出现热销，甚至供不应求；学校的生源决定于国家的计划指标，也是一个相对固定的数量。再如，企业的某产品在竞争中失利，被市场淘汰，企业完全可以通过调整和开发新产品尽快推出并上市，以取代老产品，从而焕发出新的活力和生机。学校一旦办学质量下降，社会认可度就会立刻变差，也意味着生源很快大幅减少，支撑学校运转的学费收入立刻会陷入困境，甚至还会面临教育主管部门要求停止办学的风险。

作为投资方，非常熟悉企业的发展逻辑是努力追求收益最大化，为追求投资创办独立学院的收益最大化，当然也希望像企业扩

大市场那样，通过扩大招生规模，提高学费来提高收益，但这在高等教育领域是要冒相当风险的，因为生源是国家计划指标，不能随意增加，独立学院的学费虽然可以根据市场而定，但以目前高等教育办学成本，要想在没有国家资金支持下维持高校正常发展的同时，还要有较高的剩余收益，这将意味着摊到每个学生头上的学费一定很高。以目前我国普遍缺乏社会捐资办学传统的背景，获得办学经费唯一的办法就是提高每个报考独立学院学生的学费。但能否接受高昂的学费，将取决于家庭的承受能力和学生家长对学校性价比的综合评价，而这一切对独立学院都意味着极大的风险。低学费固然可以吸引较多的生源，但经费短缺会导致难以引进高端人才，学院的办学质量难以在短时间得到提升，学校的持续发展就可能因办学质量问题而难以为继；而较高的学费虽然有利于改善办学条件，有利于引进较高端的人才，提升办学质量，但在还没有形成学院自己品牌效应的情况下，能否保证有足够的生源愿意支付较高的学费，则具有很大不确定性，甚至可能因社会普遍难以承受而导致生源不足的风险。此外，投资方投资创办高等教育，还要尽快熟悉教育教学规律，从外行向内行过渡和转换。对于从来没有搞过高等教育的投资方来说，要实现这一转换，还需要付出很多努力。如果短期内不能实现转换，仍然沿用企业管理的逻辑管理高校，就有可能做出违反教育规律的事，为发生办学风险埋下隐患，如兰州某独立学院发生的女教师刘某患癌症被开除事件，其中也暴露出投资方直接管理独立学院的一些弊端和风险问题。

四、合作双方利益矛盾的风险

目前，对于还没有真正“独立”的学院来说，所收取的学费并不是只供自身发展，而是每年要以一定比例的学费作为管理费上交给母体高校，而且还是在学生学费总额中预先扣除，母体高校在独立学院收益分配中表现出一定的优先权，这种方式与投资方获得办学剩余的途径不同，投资方只能等待年终扣除办学成本还有剩余后，再扣除一定比例的费用作为学院发展基金，然后才可能从中得到所谓的一定“合理收益”。这种现象意味着母体高校与投资方在独立学院的收入分配中地位是不平等的，母体高校不仅获得无风险收益，甚至母体高校派到独立学院的教师和管理干部的报酬补贴也要从独立学院上交管理费后的收入中支出，而后续的教学运营投入和风险则全部由独立学院承担，实际上是由投资方在承担风险。

26号令规定：“普通高等学校主要利用学校名称、知识产权、管理资源、教育教学资源等参与办学。社会组织或者个人主要利用资金、实物、土地使用权等参与办学。”[1] 其中参与合作办学的普通高等学校“投入办学的无形资产，应当依法作价”[2]。但如何进行评估的价值确认，目前还没有标准，因此，大都采取双方通过签订合作办学协议的形式，确认双方的大致权益分配比例。根据国家政策规定，目前的独立学院作为投资方投入的资产一旦过户，其财产的所有权将划归独立学院法人，投资方将失去剩余受益权，最多只是在扣除办学成本和必要的发展留成后可以取得一定“合理收益”。政策对母体高校却网开一面，允许其优先取得稳定的管理费，这也让投资方感到很不公平，同样的办学投入，一方的收益可以旱涝保收，另一方则要在承担全部办学风险后的收益中再扣除一部分作为学院发展基金后才算是自己的“合理收益”，这种厚此薄彼、区别对待的做法让投资方普遍感到不满。从另一个角度讲，如果说上交到母体高校的这笔管理费的目的是弥补母体高校办学经费的不足，为什么不能将这部分资金用来作为扶持办学条件更加简陋的独立学

1 《独立学院设置与管理办法》（教育部令第26号），2008.

2 同上.

院呢？如果说投资方的资产要过户到独立学院，其资产收益属于独立学院法人收入，为什么母体高校的无形资产投入和收益不能作为独立学院的法人资产和收益呢？在办学成本居高不下的今天，将学费收入扣除上缴母体高校后的余款作为维持学院正常运转还有可能面临经费不足的风险，如果不靠大幅度增加学费收入，实际上只能加重独立学院和投资方的财务负担。这就让投资方自然就产生地位不平等的感觉，在合作办学中，必然会很在意不能在其他方面再做让步，这也是国内独立学院中普遍存在的投资方和母体高校产生很多矛盾的根源。

其实，母体高校参与合作创办独立学院提供的是学校品牌、教育资源和管理资源等，按照现行通行做法，这些无形资产的使用是以收取一定比例的学费作为“管理费”的形式得到回报，但其效用并不是始终保持不变的。比如，专业设置、课程设置和学校管理等教育资源在办学之初一无所有的情况下，确实有较高价值，但一经确定下来，或者是独立学院逐渐有了更多自己的教育资源，如管理队伍、师资队伍等，原来母体高校的教育资源就会呈现出边际效用递减的趋势，除了母体高校的品牌价值还能保持一定的较高价值外，其他资源的价值自然就不能与过去一样。如果总是按过去那样从学费中按比例收取费用作为母体高校无形资产的“回报”，而不是做出适当调整，对于投资方来说就显得不合适了。正确的做法应该是随着母体高校无形资产价值的降低，逐年减少上交给母体高校的管理费；否则，长此以往会使投资方愈发感到不公平，特别是当投资方认为，不再使用母体高校的无形资产所带来的损失和风险小于自己“独立单干”所形成的风险和损失时，自然就会不愿意再依附在母体高校，而是选择以自己的力量独立办学。

第三节　是否转设的风险

根据教育部26号令精神，独立学院的出路可以在采取继续合作办学和转为民办独立办学等多种办学方式中进行选择。这意味着，一些办学质量较好、具备一定实力的独立学院可以更改过去的合作办学模式，自立门户，即所谓的转设。

一、转设有利有弊

独立学院通过转设而走向真正意义上的独立，既是大势所趋，也是优秀独立学院的最佳选择。如果选择转设，从教育部颁布的第26号令中可以看出，脱离母体高校转制为民办高校，可以避免很多合作过程的矛盾，有利于独立学院产权清晰、管理规范，办学更加注重市场取向，同时转设也将促使独立学院管理机制将更加灵活。独立学院如果转设并通过验收后，将享有多方面政策支持，如独立学院可实行自主收费，自主确定学费和住宿费标准，而且还不需要再向母体高校交纳一笔数额不菲的管理费，有利于增加学校的办学经费投入，用于增加学院教职员工的薪酬和福利待遇，改善办学条件，从而提高教职员工队伍的稳定性和归属感。因此，这也被视为独立学院真正“独立”最大的好处。此外，还可换来专业设置、师资选择、办学定位等方面的真正自主决策，这些都是转设释放出的政策红利。独立学院一旦各方面条件成熟而走向“独立”，对于投资方来说，可有效消除原来与母体高校合作方之间难以避免的矛盾，产权更加清晰，有利于调动投资方的积极性。据媒体报道，“至2016年止，全国已有57所独立学院正式脱离母体高校和自立门户办学，约占全国独立学院总数的1/5。”[1]一些独立学院在自立门户过程后摆脱了束缚，实现了茁壮成长。

但是，独立学院转设也存在着较大风险。一些办学条件和办学质量都不错的独立学院转设后，首先将失去母体高校的光环。根据规定，无论是在招生简章还是毕业证书，无论是师资和管理团队，还是专业课程等，都将失去母体高校的痕迹。毕竟母体高校的品牌和优质教育资源具有广泛的美誉度和市场认同效应，正是母体高校的这些资源和品牌，对社会考生具有相当强的吸引力。但随着独立学院转设的推进，原先来自母体高校的“光环效应”开始逐渐减退，特别是独立学院向毕业学生颁发的大学学历文凭因转设后而将与母体高校脱钩，使得学历文凭的含金量面临严峻的市场考验，独立学院毕业生的实践能力、知识结构等，用人单位在并不十分清楚的情况下，只能通过一纸文凭及所在学校的知名度来判断。如果没有母体高校的冠名，独立学院能否挺过招生关和就业关，也是很多人心中的疑问。在社会对独立学院办学质量普遍还没有建立起信任的情况下，对于那些还没有做好各项准备的独立学院来说，迎接它们的很可能是非常大的风险。如果“独立”后得不到市场认可，将对独立学院未来发展造成极大的影响。正因如此，很多独立学院在改革中并未急于走上“独立”之路，而是按兵不动、等待时机。

如果独立学院选择不转设，好处是可以继续依托母体高校的优质资源和品牌影响力，对生源的吸引力都是一种保障。但也同样存

---

1 近6年已有57所独立学院转设为民办普通本科 [BD/OL]. 搜狐教育（综合），2016-01-27.http://www.sohu.com/a/56866586_372419.

在风险，那就是对母体高校的依赖而没有自主灵活办学的机制，每年还要将一定比例的学费作为管理费上交给母体高校，用于学院发展和建设的费用会受到很大挤压。此外，合作办学过程中，合作方各自在追求自身效用函数最大化过程中，相互可能会产生利益冲突或剩余控制权之争，由此会造成合作方之间的矛盾，不仅可能增加合作办学成本，甚至可能会导致矛盾激化、关系破裂，直接影响到学院的健康发展。

二、转设障碍

从实际情况看，教育部提出的 6 条出路仍不能从根本上解决独立学院发展的难题。例如，若继续举办独立学院需要按照教育部 26 号令的要求规范办学行为，完善办学条件，那么，目前无论是资产过户、土地指标还是校企合作中价值观念的冲突等问题，仅依靠独立学院自身很难解决，一些问题甚至已经超出教育领域的权限范围，需要教育部、发改委、财政、国土、税务等多个政府部门支持才能得以解决。有些规定实际上在加大独立学院的困难，比如，教育部 26 号令中规定，独立学院要有“不少于 500 亩的国有土地使用证或国有土地建设用地规划许可证”[1]。根据这一规定，独立学院必须能拿到足够的办学用地，对于独立学院而言，当然希望土地越多越好，但在国土资源紧张的大背景下，要求独立学院办学用地必须达到 500 亩地显然不符合国情。我们知道，即使国外一些知名大学都没有达到 500 亩的土地面积。对于我国很多独立学院来说，校园要达到 500 亩土地标准是有难度的，如果政策不做调整，为了达标，会迫使一些已经具备基本“独立”条件的独立学院创办者不得不举债征地，但这在一些土地资源非常稀缺的地方，不仅征地成本

1 《独立学院设置与管理办法》(教育部令第 26 号)，2008.

太高，而且在学院周边征地也非常困难。如果有幸能征下来，不仅会增加独立学院的债务负担，而且也会使我国本来就稀缺的土地资源更加紧张。如果实在无法征地，就意味着把这些其他条件都不错的独立学院转设之路被堵死了。

再有，目前国家把独立学院过渡期的措施和下一步的发展决策下放到省级教育部门，而实际情况是，一些省对独立学院的发展并不重视，它们不能从独立学院的实际出发破解发展难题，而只是按照“非公即民”的简单化思维，通过缩减招生规模等方式，迫使一些独立学院“自立门户”回归母校。独立学院的转设、回归母体高校或者终止办学，目前都涉及数以百万计的在校生和十几万老师的切身利益，如果处理不好，不仅会影响我国高等教育事业的健康发展，导致高等教育事业改革探索的停滞或倒退，还会增加新的社会矛盾。独立学院的发展正面临着生死存亡的考验。

转设并脱钩难还体现在母体高校不愿意放手上。由于目前普遍采取的形式是，母体高校提供自己的品牌和优质教育资源，每年都可旱涝保收地从学费收入中获得一定比例管理费，以独立学院的生均学费每年数以万元计，这笔管理费的收入数量相当可观，母体高校每年可以获得如此一笔巨额管理费来弥补办学经费的不足，缓减财经压力。如果独立学院自立门户、走向独立，一些母体高校势必担心会失去本应得到的“收益”，母体高校每年稳赚不赔的收益将会落空，所以，不少母体高校是不愿意独立学院真正“独立”的。因此，母体高校一定会设置障碍，比如，通过更加深入参与独立学院各项工作，控制任何脱离母体高校的倾向，严防非母体高校的人员进入关键岗位，从而造成事实上的对其依赖关系。即使实在无法阻止独立学院“独立”，不少母体高校也要向独立学院收取一笔数量可观的“分手费”。

第四节 生 源 风 险

独立学院日常运行最主要的经费来源于学生学费，生源的不稳定必然会导致办学经费的不稳定，从而直接影响学院的可持续发展。独立学院从成立之初就一步跨入本科层次，且在成立早期，高等教育资源普遍稀缺，加上母体高校所带来的品牌效应、教育资源和管理资源等，特别是独立学院降分录取的生源还能享受到母体高校的名分，吸引了一大批高考成绩不太理想的考生，从而也成就了独立学院发展的黄金时代，使独立学院一经面世，就根本不愁生源。

一、办学质量影响

生源是双向选择的结果，学校办得不好，学生自然也不会来。随着大量高校建立新校区，从而实现公办高校的大规模扩招，其优质教育资源和学校在社会上的品牌优势再加上教育质量明显高于独立学院等原因，但学费却大大低于民办高校，从而使公办高校在吸引生源方面的优势远远超过民办高校，也造成民办高校普遍存在生源危机的风险。

在教育部26号令实施后，部分独立学院将通过转设而实现真正的独立。但这种独立很可能会对吸引生源产生不利影响，尤其突出的是，在为独立学院毕业学生颁发的学位证书冠名上，如果部分学院因“独立”而不能再使用原母体高校的印章和名称，而是对符合条件的毕业学生颁发转设后学校自己名称具印的学士学位证书，那么，在中国社会舆论普遍存在“以名识校”的背景下，缺少母体高校的名称前缀，肯定也会对招生带来不利影响。

二、多种办学模式分流生源影响

在招生政策上，独立学院的招生指标只能在分配给公办高校的本科计划招生后的余额中才能得到，如在报考高校的人数逐年减少的情况下，多数公办高校都早已实现办学规模扩大，再加上不断发展的中外合作办学、出国留学热，民办高等教育内部竞争激烈以及职业学院的兴起等原因，都构成生源分流的渠道。为保证公办高校完成招生计划，肯定就会首先挤压民办高校的生源。面对严峻的局面，不少独立学院由于自身还没有形成良好的社会美誉度和品牌认可度，这些独立学院在对生源的吸引力上就会走弱。以山东 2012 年招生情况为例，据《半岛都市报》报道：“2012 年 8 月 2 日，在专科录取刚刚启动之时，本科录取也将进入尾声，在之前进行的山东二本一次征集志愿中，有 104 所院校理科和 119 所院校文科‘零投档’，其中超过 9 成为独立学院。”[1]

三、高等教育的适龄人口下降影响

特别需要警惕的是，独立学院的生源风险还将发生在我国高等教育适龄人口低谷期的到来。随着高等教育适龄人口的不断减少，

1 独立学院“单飞”很受伤 九成院校“零投档”[BD/OL]. 大众网 - 半岛都市报，2012-08-03.http://www.edu.cn/yiwujiaoyu_1074/20120803/t20120803_821650.shtml.

高校间的生源抢夺将更加激烈，那些办学水平低的院校生源风险将直接导致学校的财政危机，并进一步演变为学校的生存危机。2008年，我国的高考报考人数达到峰值1 061万人，2009年，在连续10年扩招之际，我国高等教育迎来了适龄人口的首次下降，接下来的数年也是连续减少（见图3-1）。

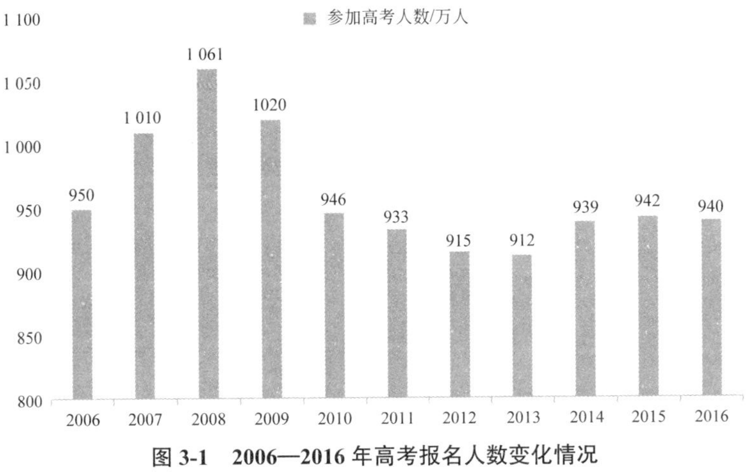

图3-1　2006—2016年高考报名人数变化情况

一些公办高校因此而遭遇到了招生困难，不少高校不得不压缩招生计划指标。随着时间的推移，我国实施独生子女计划生育政策负面效果开始显现，那就是人口增长逐年出现停滞甚至下降，高等教育的适龄人口数量也开始在后续的年份中进入低谷期。由此看来，独立学院与其他高校之间对生源的竞争也会更加激烈，一些生源不足的高校必然会面临倒闭的危险。显然，高等教育适龄人口低峰期的到来，将成为高等院校未来发展不得不面对的生源风险问题。一方面高等教育适龄人口因出生率下降而在减少，另一方面本科出国留学人数在增加。来自教育部网站的信息数据显示："2016年我国出国留学总人数为54.45万人，较2012年增长了14.49万人，增幅为36.26%，其中本科以上学历占七成左右。”[1]

此外，独立学院生源风险还来自于人们传统思维定式的影响。我国绝大多数家庭都非常重视子女的教育问题，在为子女选择就读学校方面，更是重视学校办学质量、专业设置、品牌效应、入职热点用人单位的就业率和质量等，而这一切恰恰都不是独立学院的优势所在。由于成立时间普遍不长，缺乏文化传承和办学历史底蕴的积累，独立学院在社会的美誉度还没有真正建立起来，形成品牌影响力并被社会接受和认可还需要很长时间的积累，再加上独立学院作为一种新生事物，还存在很多不成熟、不规范的问题，如独立学院自身的教学质量一直不尽如人意等。这些问题都对独立学院的社会形象和吸引力造成深刻的影响，甚至会形成以偏概全的风险，从而影响到对生源的吸引力。

综上所述这些多重因素的影响，都构成未来一段时间独立学院能否获得稳定生源的巨大风险隐患。

1 2016年度我国出国留学人员情况统计[DB/OL].教育部网站，2017-03-01.http://www.moe.edu.cn/jyb_xwfb/xw_fbh/moe_2069/xwfbh_2017n/xwfb_170301/170301_sjtj/201703/t20170301_297676.html.

第五节　就业市场风险

2009 年以来，受各种因素的影响，我国经济逐渐下滑，从而进一步加重了社会就业的压力。从数量和结构上看，社会提供的就业岗位增长速度与高校毕业生数量增长速度呈不均衡发展，高校毕业生数量增长速度远高于就业岗位数量增长速度。因此，大学生就业难是一个比较严峻的现实问题，这也使得大学生就业风险大大增加，独立学院毕业生就业难的问题显得尤为突出。以北京工商大学嘉华学院、北京工业大学耿丹学院、北京邮电大学世纪学院、首都师范大学科德学院 4 所独立学院为例，毕业生就业率在北京还算名列前茅，但其就业分布情况却并不乐观，表 3-1 是这几所学院毕业生 2016 年就业分布情况。

从表 3-1 可以看出，即使像所述北京排名最好的 4 所独立学院的毕业学生，在毕业后能被国家机关、事业单位和国有企业单位录用所占的比例也很少，平均不足 30%，说明独立学院毕业生在就业过程中明显缺乏竞争力，平均 70% 以上的毕业生进入的是民营企业。纵观独立学院学生就业风险和原因大体如下。

表 3-1 4 所独立学院 2016 年毕业生就业分布情况

学校名称	毕业生人数/人	深造人数/人	深造率/%	就业人数/人	就业率/%	党政机关事业单位占比/%	国企占比/%	民企占比/%	三资占比/%
北京工商大学嘉华学院	1 351	158	11.7	1 174	98.59	2.59	4.07	71.43	0.3
北京工业大学耿丹学院	1 441	97	6.73	1 283	95.77	10.98	18.9	64.23	1.22
北京邮电大学世纪学院	1 303	68	5.22	1 216	98.28	9.24	17.95	81.24	0.82
首都师范大学科德学院	1 161	29	2.50	1 112	98.54	7.05	14.11	69.88	0.82

数据来源：相关独立学院 2016 年对学生就业质量分析报告。

一、就业市场本身竞争激烈

独立学院毕竟属于三本高校，社会认可度被排在“三流”，在目前用人市场供大于求的情况下，即使是一本、二本甚至海归、研究生都出现找工作难的情况下，没有任何竞争优势的独立学院毕业生要找到心仪的工作更是机会渺茫。比如，用人单位普遍优先选择二本以上的高校毕业生。特别是有些国家机关、大型国企等，更是公开提出不招独立学院毕业生。这种偏见确实给独立学院毕业学生带来一种不公平感，也容易使他们失去自信去争取找到理想职业，造成独立学院毕业学生找到好职业难、毕业生不敢参与就业竞争的现象，导致学生的学习失去目标和动力，也更加剧了这种恶性循环。这种效应的出现极具负面作用，一旦独立学院毕业学生难以找到好工作成为社会共识，将直接影响社会对独立学院的看法，进而影响独立学院对生源的吸引力。

二、独立学院的学历目前还难以得到社会普遍认可

按教育部的要求，从2012年起，独立学院要开始独自发放学位证书，也就是独立学院毕业生手中拿到的将是独立学院自己颁发的学位证书，跟在此之前的毕业生相比，由于证书上不再有母体高校名称做前缀，其证书所具有的含金量明显降低，不少用人单位对这类毕业证书认识不多，对独立学院实际情况了解较少，甚至有个别用人单位误以为独立学院是冒牌大学或山寨大学，这在学历认可上，会对独立学院毕业生形成打击，也会影响他们的求职之路。

三、学生自身专业素质不过硬

综合素质是毕业生的看家本领。目前，人才市场已经发生变化，用人单位不再局限满足于应聘者掌握一般的理论，而对知识的广度和深度有更高要求，更加重视对复合型人才的需求，不仅要求毕业生对所学专业知识有深度钻研和应用能力，还要具备并掌握一定实际工作技能。与一本、二本高校毕业生相比较，独立学院的毕业生确实在综合素质方面还有不少差距，特别是那些学习习惯不好，缺乏主动学习、刻苦学习的精神，上课时普遍表现

为厌学、上课精神不集中，对自己要求不高等学生，存在学过的基础理论知识浅显、专业知识掌握不扎实、动手实践能力不足等问题，再加上学校要求不严格，担心学生成绩不及格无法毕业，常常降低成绩合格标准。虽然，名义上是本科层次毕业生，但名不符实，一到就业市场就成了竞争的软肋。另外，有些毕业生过于依赖家族背景，对就业根本不用操心，也导致他们缺乏学习的动力，更没有就业的危机意识，这也使他们更加不重视在校期间的学习和自身修炼，学生在大学期间缺乏公办高校那种浓厚的学习氛围的影响，使独立学院毕业生走向社会后的素质形象差强人意。总之，在激烈的就业市场竞争中，独立学院毕业生的总体素质偏低是其就业竞争的软肋。

四、就业高不成、低不就

独立学院学生培养目标是为社会培养应用型人才，而对应用型人才需求较大的领域大都集中在基层或中小企业，工作环境也相对艰苦，这与那些进入国家机关、事业单位和外资企业等单位的优越的工作环境相比，明显有一定落差，而不少独立学院的毕业生在面对自己与预期工作性质和待遇较大反差时，缺乏对自己的正确认识，不甘心自己大学 4 年经济上和精力上的付出换来的是这样的工作结局，但他们在理论基础方面比不过一本、二本高校的毕业生，因此，在高端工作岗位上缺乏竞争实力；在实践能力方面，也比不过高职高专等学校的毕业生，毕竟是本科层次的毕业大学生，尽管是三本，也同样既看不上条件艰苦的工作环境，更不甘心与专科学生竞争薪酬并不理想的岗位。这种两头都毫无竞争优势的情况导致他们处于一种“高不成，低不就”的尴尬局面。

五、独立学院本身的因素

首先，大多数独立学院的课程仍然沿用公办母体高校的做法，如“重理论课教学、轻实践课训练”，没有结合独立学院自身的办学定位，将学科建设与社会现实要求紧密结合起来，造成学生的知识结构和能力结构不能适应社会对专业人才的需求；专业设置与人才市场需求脱节。其次，专业设置缺乏特色。不少独立学院习惯于普通本科高校的专业设置标准，对热门专业不加分析和区别地上马，没有根据自身的实际情况，设立符合学院实际和学生特点的培养目标，对来自母体高校的教师也没有提出一些特殊的要求，教学手段和教学方法还是老一套，无法适应学生的学习能力要求。最后，教学质量抓得不严格。有些独立学院担心严格的教学管理可能会使不少学习较差的学生无法如期毕业，担心这样做会导致本来学习习惯就不好的潜在生源望而却步，影响到后续生源担心因学校的严格要求而无法毕业，从而放弃报考本校。于是在诸如教学、考试、考勤、纪律、行为等方面学院不敢大胆严格管理，致使学生在校期间过于放任而根本不会担忧是否会影响到个人毕业。由于在校期间没有培养出良好的个人综合素质，因此，在就业时难以被用人单位看中就是顺理成章的事了。

六、学校对毕业生就业指导工作不到位

独立学院相关职能部门在大学生招生和就业指导方面也存在问题，比如，不少独立学院普遍重视招生、轻视就业，根本思想是招生可以保证学校有收入，而就业管理是既费时也费力的事，因此，就业指导部门大都采取简单地收集信息、张贴招聘信息或只是通知学生参加一些大学生招聘会而已的做法，缺乏从大一、大二、大三

就开始的全程跟踪服务与就业指导，至于从大一开始就帮助学生做好人生规划、从第二年开始组织学生分析职业需求、介绍市场竞争态势、鼓励并创造条件让学生参与实习锻炼等的独立学院更是很少做到。目前，不少独立学院的就业指导对象主要是面向大四毕业生，而其他学生很少有机会接触到就业方面的信息。这也导致毕业生临近毕业才意识到还有许多基础性工作没有做好，但为时已晚。

第四章

独立学院的内部风险及原因分析

chapter 4

<<<

独立学院作为新型的高等教育办学模式，发展历史比较短，虽然具有较大的办学自主权，但是需要自负盈亏，学校之间的竞争也相当激烈，面临着较公办院校更大的生存、发展的压力，风险也更大。

第一节　委托代理风险

独立学院从成立到运行，会经历多层管理学意义上的委托代理环节，既有投资方与独立学院董事会之间的委托代理关系，也有学院董事会与学院管理层之间的委托代理关系，还有管理层与教职员工之间的委托与代理关系等。根据委托代理理论，由于信息不对称，加上委托方与代理方追求的效用函数不一致，代理风险就很难避免。

一、独立学院举办方与董事会之间的委托代理风险

随着我国经济体制改革的推广，高等教育体制改革也随之而动。独立学院董事会的出现打破了过去学校管理的单一模式，表明高等学校管理体制开始向多元化发展。在《合作办学协议》和《独

立学院章程》中，为了确保投资方与母体高校双方的利益，合作双方通过必要的条款，对董事会的产生办法、权力分配、责权利分工等做出明确规定，双方共同遵守。董事会正是委托代理关系的产物，体现了所有权与经营权分离的关系。

根据26号令的要求，“独立学院设立理事会或者董事会，作为独立学院的决策机构。理事会或者董事会由参与举办独立学院的普通高等学校代表、社会组织或者个人代表、独立学院院长、教职工代表等人员组成。”[1] 独立学院董事会作为代理方，其被授予的权力通常来自母体高校和投资方，独立学院董事会的成立使高等教育主动与社会需求相联系、与社会经济发展相挂钩，为开放办学、增强办学活力做出了贡献。

由于独立学院举办方根本无法客观地对管理层行为做出评价，为了监控管理层，降低独立学院的代理风险，独立学院通常根据规定而成立董事会，依靠董事会对管理层行为进行监管。在两权分离状态下形成的委托代理关系中，独立学院董事会通常也扮演着双重角色：一方面，董事会是代理人角色，是受办学举办方委托，对举办方负责。作为代理方在学院行使最高权力，包括学院发展决策、管理层聘任等；另一方面，董事会又是委托人角色，因为独立学院实行的是董事会领导下的院长负责制。因此，通过董事会将独立学院经营管理权力委托给以院长为首的管理层负责。管理层要对董事会负责。

董事会要对举办方负责，其重要作用之一就是对管理层工作努力程度的监管。如果董事会成员能力不足、工作不力，不能对管理层道德风险进行有效监管，再加上董事会与管理层之间存在着信息不对称的因素，就有可能给管理层出于自利目的的机会主义行为创造条件，从而会提高举办方受损失的概率。那么，对于独立学院的

---

1 《独立学院设置与管理办法》(教育部令第26号) 2008.

举办方来说，也就意味着会形成巨大的代理风险。

二、董事会与学院管理层的委托代理风险

在独立学院所有权和经营权分离的情况下，日常教学管理等权力日益集中到学院管理层手中，投资方和独立学院管理层之间对独立学院的经营状况存在严重的信息不对称。当作为决策执行代理人的管理层为了自身利益、其行为有可能偏离投资方的目标时，会引发管理层利用所掌握的控制权为了实现自己的目标而损害投资方的利益。由于独立学院普遍实行民营机制，按照我国《高等教育法》《教育法》的有关规定，独立学院应当实行董事会领导下的院长负责制，董事会是学院的最高决策机构，院长可以从母体高校选拔聘任，或从社会上公开聘任，经由董事会决定是否聘用，董事会授权管理层具体管理学院，董事会与管理层之间的关系就构成一种管理意义上的委托代理关系。此时董事会扮演的角色是委托人，而管理层则成为代理人。实践中，管理层作为被聘任者拥有自己的全面信息，而董事会可能只掌握管理层的部分信息，也就是在董事会与管理层之间存在着信息不对称问题，隐蔽行动和隐蔽信息的存在使管理层偏离董事会的期望成为可能。董事会与管理层的委托代理风险主要有以下几方面。

（一）逆向选择风险

在选择代理人方面，董事会并不知道哪个管理者最适合管理独立学院，只能按照某种普遍存在的市场信号（如在母体高校工作经历等）来甄别院长的能力，或者根据某些人为的标准（如根据其经历和经验）来分析其工作效率。在委托与代理双方订立合作合同之前，作为委托方的董事会由于无法鉴别未来独立学院领导层的能力

或是否隐瞒信息，再加上办学经费有限的制约，一般不愿意出高价格招聘领导层，通常会采取“一刀切”的方式，即通过制订一个中等水平的激励方案将风险程度设定为某一平均水平，如此一来，那些水平不高的领导者就会倾向于参与独立学院领导层竞聘，而那些水平较高的人则因为预期报酬达不到自己的要求而放弃参与管理层，特别是高层管理的聘岗。结果，委托方原本希望能找到管理能力较高的人作为代理人，就会面临较大的代理者水平较低的概率，甚至可能聘用能力平庸的人进入领导层。这就是投资方在招聘管理层之前，很可能面临“逆向选择”的风险。

（二）道德风险

在市场经济中的道德风险是一种在委托代理关系中存在的十分普遍的现象。道德风险常常发生在委托代理关系中，是指代理人在确定行使代理人权力后，利用自己处于信息优势的机会，为追求自身效用最大化而做出损害委托方的行为。由于独立学院经营关系中存在着管理学意义上的不少委托代理关系，再加上事实上存在着委托方与代理方信息不对称问题，独立学院就有发生道德风险的可能。

根据委托代理理论，委托与代理关系成立的基础应该是以签订契约为标志。因为一个完善的契约能比较充分地体现委托方与代理方之间的权利和义务关系，契约也是委托方约束和激励代理方的重要依据。但在多数独立学院中，董事会不可能在委托代理契约中确切规定独立学院管理者的具体行为和努力程度，即使能够做出规定，董事会也难以对独立学院管理者进行有效观察，也就是处于信息劣势一方。实际上，管理层在执行董事会委托任务过程中掌握着董事会授予的经营权，因此有权行使管理决策权，但在董事会无法做到能时刻对其监管的条件下，管理层就自然处于信息优势的一方，也就有可能通过隐蔽信息，采取偏离委托人要求的机会主义行为，以权谋私，甚至给委托方造成损失，从而产生代理人的“道德风险”问题。再者说，由于作为代理人的管理者人事档案关系大都在母体高校，一定程度上享受着“铁饭碗”的待遇，对他们的任命也都是由母体高校做出的，对他们的要求和考核也是与母体高校的部门领导考核采取同样的标准，而与他们在独立学院工作绩效是否突出关联度并不高，即使在独立学院中的工作业绩一般甚至毫无建树，也不会对其考核工作业绩有什么实质影响，实在不行还可回到母体高校继续任职。可见，母体高校派来的管理层特别是院长，与真正意义上的代理人身份是不一样的，至少他们缺乏搞好独立学院的强大动力。因此，董事会也很难设计出在各种复杂条件下都能对独立学院管理层产生效用最大化刺激的契约。由于在委托人与代理人之间不存在契约约束激励关系，代理人的权利和责任就很难明晰，因此代理方的积极主动性就具有很大的随意性和不确定性，突出表现在他们没有后顾之忧，缺乏开拓精神，有的代理人甚至会利用在独立学院大权独揽的机会以权谋私，从而形成道德风险。这也是董事会很难控制的风险。

（三）激励相容风险

激励相容是指一种制度安排，能使组织中的理性经济人在追求个人经济利益最大化的过程中，正好与实现组织价值目标最大化相吻合。董事会和独立学院管理者建立某种契约关系后，若该契约不能刺激管理者实现自身效用最大化，甚至使管理者的努力对他来讲是一种负效用，独立学院管理者将设法利用其信息优势降低努力程度，从而会给独立学院带来损失。比如，不同地区、不同背景的人对报酬的激励感觉有较大差异，董事会无法像企业那样可以根据业绩提成等形式对学院管理层进行激励，而是主要依靠约定的报酬，且相对比较固定，但这种物质激励与个人努力程度的关联性不是很大，只要学院不出太大乱子就不影响管理层的报酬。由于在代理方看来，独立学院发展的好与坏与自己没有切身利益关系，很可能会利用其在位领导过程中，除了尽量使个人或小集团利益最大化外，其他要做的事大多只是应付差事，甚至对独立学院管理混乱、教学质量滑坡、社会美誉度大幅下滑等现象采取视而不见、不管不顾的态度，最终可能会使独立学院丧失对社会生源的吸引力。投资方当下最为头疼的事之一就是独立学院管理层工作不力，甚至有的独立学院发生管理层与投资方对着干的事，如浙江某独立学院发生投资方与管理层势不两立的严重情况。

三、管理层与教职员工委托代理风险

教职员工受聘于独立学院，等同于接受了学校的委托，构成了管理意义上委托代理关系。独立学院管理层与教职员工确定委托代理关系后，管理层不能准确了解教职员工真实的努力工作程度，处于信息劣势一方；教职员工则处于信息优势一方。独立学院教书育人、管理育人的质量就要通过教职员工能力的发挥来实现，管理层要想对它进行有效监督和控制是很困难的，而教职员工的机会主义行为往往利用的就是不可能时刻受到监管，这也就意味着管理层与教职员工存在信息不对称问题，作为委托方的独立学院无法判断出教职员工日常教学和管理活动的努力程度和教职员工行为在多大程度上符合独立学院的教学质量和育人要求等。教职员工作为代理方，为了追求自身利益的最大化，如果管理不善，就有可能背离委托方的要求，使委托方的利益受到损害，而代理方对其行为的后果不必承担全部责任。这种现象就是道德风险。

从本质上讲，道德风险源自人追求自利本性。根据“理性人”假设，人们通常倾向于做出有利于满足自身利益的决策。在教师从事教书育人的过程中，学生为获得知识和能力而支付学费，教师则以其所拥有的知识和教学能力对学生进行教育培养，独立学院通过必要的管理环节，计算出教师工作任务完成情况，并将学费中的一部分用于向教师支付酬金。虽然三者的投入方式和性质不同，但目标都是寻求自己利益的最大化。由于独立学院的发展是建立在一个全新的运行机制基础之上，它的组织结构、管理机制、个人发展空间、薪酬水平和其他待遇等对于教师来说几乎全部都具有不确定性。因此，教师追求眼前利益，行为短视化就成为可能。

独立学院的学生希望支付学费而学有所获，并为将来在社会上安身立命打好基础；教师则是为了实现自己的最大收益，信息不对称导致教师可能会出现“道德风险”问题。比如，作为委托方的独立学院管理层都希望教师通过授课、考试、实训等完整的教学环节完成教书育人的任务，并以此为宗旨投入执教活动中去。但若教师为追求自身利益，有意减少自己的教学投入，做出与委托方宗旨相违背的事，特别是在具体执教环节做出损害学生正当利益的行为，就会产生道德风险。教师的道德风险有些表现是显性的，如上课缺乏严肃认真态度、照本宣科、对学生课堂纪律放任不管、包庇考试作弊甚至篡改试卷成绩等。还有些表现则是隐性的，如不注重研究教学方法和教学内容、敬业精神缺失、执业心态消极、执教得过且过不求长进、主要精力放在其他社会兼职任务上等。教师道德风险无论对独立学院还是对学生，都会产生危害。教师的道德风险往往直接反映在教书育人的质量上，不负责任的教学态度实际上不仅意味着误人子弟，导致学生在校期间虚度年华，而且教师道德风险对独立学院危害性也很大，不仅会降低学院办学质量，损害独立学院的社会形象和声誉，也会引起社会对独立学院的不信任感，家长甚至不愿意将子女送到独立学院学习。这对独立学院的发展都是致命的打击。

第二节　管理层领导力与执行力风险

领导力和执行力风险指独立学院主要领导人领导能力不足而给学院发展带来的不确定性。我国独立学院暴露的问题几乎都与领导力和执行力不足密切相关。具体来讲，独立学院领导力执行力风险主要表现在以下几方面。

一、管理层办学理念模糊的风险

管理层领导力和执行力不足首先表现为办学思想、办学理念上不成熟，在相当一部分独立学院的管理层中，对民办高等教育的内涵及教育发展的基本规律、国际教育大视野等重大问题的理论研究不足。不少独立学院管理层习惯于照搬公办高校的现成办学模式，缺乏对应用型人才培养的经验和规划，灵活性稍差。独立学院管理层比较偏重学校的学科建设，重视开设足够的专业，开出足够的课程，而对具体的教学质量缺乏严格要求，对独立学院学生综合素质的培养与教育缺乏针对性和有效性，管理过于放任，对适合独立学院的人文环境建设、校园文化建设、校风建设等缺乏研究和措施。

二、管理高层动力不足的风险

对于已经实现转设的独立学院来说，管理高层人员主要通过社会公开招聘而来。但其中不少人是已经退休或将要退休的人员，他们虽然有长期的教学管理经验，也愿意发挥余热，但他们到独立学院工作的主要动力与在原单位已经有很大不同。在原单位他们有晋升可能，有其他发展追求。但在独立学院，除了聘任职务和报酬外，基本没有其他晋升和增加待遇的机会。因此，他们的动力大都来自退休后既可避免从忙碌到休闲所形成的巨大落差感，还可得到一定的社会名分和报酬。由于从社会公开招聘而来的高层管理者年龄较大，身体状况也不如以前，再加上动力不足，因此，他们真正投入学校各项工作的并不多，基本上采取的做法是深入不足、得过且过，不可能有非常大的精力投入。总之，独立学院聘请的高中层管理者，无论是由母体高校推荐的管理者，还是从社会公开招聘而来的管理者，他们大都会遇到精力不足问题和管理习惯问题等，更何况独立学院搞得好与不好与他们个人的关系影响并不大，也就是激励和动力不足。因此，其领导力和执行力不足的问题也一直比较突出。领导力和执行力的不足又直接导致独立学院的发展缺乏引领，无形中构成学院发展的风险，也造成“铁打的董事长，流水的院校长”，校长“走马灯”倒成了独立学院司空见惯的事。

三、管理层自利动机产生的机会主义行为风险

独立学院管理层受学院董事会（理事会）的委托，被授予一定权力而从事学院日常教学和管理工作。由于信息不对称和隐蔽行为不容易被监控到，再加上管理层个人素质或激励约束机制设计问题等原因，在监管制度不健全和管理漏洞较多的情况下，就有可能发生管理层个别人为了一己私利而利用掌握的权力以权谋私，或权力寻租等损害独立学院利益的机会主义行为。比如，在招标采购环节索要回扣，在招生环节收受贿赂，在日常管理环节假公济私，在外

包任务管理环节与外包服务方利益输送等。比如，有的独立学院招标采购的教学设备设施都是粗制滥造品，很难满足教学需求；有的独立学院基建设施出现施工偷工减料和质量问题等。这种行为既会给学院的发展带来损失和风险隐患，也会损害委托人、学院师生等的切身利益，甚至可能会造成极坏的社会影响。

四、管理层参与学院建设主观意愿不足的风险

实践中，独立学院的管理层通常有两个来源，一是由母体高校推荐的具有相应资历和经验的管理者；二是通过社会公开招聘而来的管理者。对于他们是否被聘用，取决于董事会的决定。由于独立学院一般都地处离城市较远的郊区，母体高校在职人员不到万不得已，大都不愿意到边远的独立学院任职，一方面工作生活不如以前方便；另一方面因离开母体高校太久，担心在个人发展上会受到影响。因此，来自母体高校推荐的管理层人员，要么是临近退休的干部，要么是中青年干部作为一种过渡性锻炼，他们大都只抱着临时工作的思想，极少有长期扎根、全身心投入的打算。

五、管理层个人利益与独立学院利益冲突的风险

尽管独立学院与管理层个人利益存在统一性，但是，如果缺乏制度性安排，两者可能会发生冲突。这是因为独立学院不仅需要履行社会责任，也要满足教职员工个人效用最大化的目标追求。在缺少激励约束机制条件下，独立学院管理者把个人利益放在第一位时，可能为了个人的利益而让独立学院蒙受某些损失，这就容易出现代理人与委托人利益冲突的风险。

六、理性领导力不足风险

所谓理性领导力，一般是指领导者在决策和管理实践中，注重以科学领导理念为指导，避免感情用事和凭经验决策。根据教育部26号令的要求，独立学院的院长应该至少具有5年以上高校领导工作经验。在实际操作中，不少独立学院的院领导主要有两类：一类是由母体高校指派来担任独立学院领导；另一类是从社会招聘的高校已退休的校领导。前者大都在母体高校并没有担任过校级领导的经历，虽然年富力强，但缺乏较高的领导格局和影响别人行动的个人魅力，在科学领导经验方面也略显不足，再加上这类领导的考核与晋升都由母体高校决定。因此，他们普遍有临时打工思想，缺乏长久投入独立学院建设与发展的打算和准备，也不可能在领导力方面有很好的建树。而后者毕竟年龄偏大，虽然有领导经验，但大都是习惯于原来公办高校的领导模式，缺乏针对外部环境和内部条件变化的管理创新，大量工作仍沿用过去的母体高校的管理模式，这种管理模式难以形成独立学院内部活跃的创新力，也越来越难以适应市场的需求，其弊端也日益显露。这逐渐成为独立学院发展的一个障碍。

七、管理层风险管理意识不强

独立学院管理层人员基本都是来自公办高校，而公办高校的特点之一就是所有风险全部由国家承担，高校几乎没有任何办学后顾之忧，逐渐使在高校工作的各级领导习惯于安稳的、没有任何压力的状态。这也是形成公办高校普遍缺乏风险意识的重要原因，表现为对风险管理工作不够重视，缺乏对风险管理组织体系和制度体系建设的紧迫感，忽视对全员进行风险意识的宣传和培训教育，导致独立学院管理层只看眼前、不思长远，对风险的管理往往是出了乱子才着急应付处理，不能做到未雨绸缪，忽略预警控制和干预机制的建设。

八、管理层疏忽学生管理工作的风险

多数独立学院管理层只是简单地把管理学生的任务交给专兼职辅导员或班主任去做，却缺乏对这些管理人员的职业长期规划和发展空间设计，造成他们没有预期事业目标追求，特别是专兼职辅导员或班主任大都比较年轻，好处是与学生有共同语言、容易沟通，但不足是缺乏对学生的管理经验，再加上工作非常辛苦，而学院领导又重视不够。因此，这些专兼职辅导员或班主任看不到个人未来的发展空间，造成队伍稳定性较差、流动性较大。有些独立学院每学期末都会有提出辞职的辅导员，这也给独立学院形成稳定健康的学生管理增加了难度和风险。

第三节 师资队伍风险

独立学院教学质量优劣的影响因素首先是师资队伍的水平。但是，相对公办高校，独立学院师资队伍风险一直比较突出，主要表现为教师数量少，生师比大，且兼职教师较多，教师队伍水平不高，责任心不强，临时打工思想严重。此外，教师队伍不稳定，流动性较大，跳槽现象严重等。总体来讲，师资队伍现状所构成的风险已成为制约很多独立学院发展的瓶颈，突出问题有以下几种。

一、难以形成稳定的优秀师资队伍

高校以人为本，独立学院最重要资源无疑是师资资源，师资队伍的不稳定已经是独立学院的通病。从师资队伍的构成看，独立学院的师资来源主要有：一是独立学院自己建立的专职教师队伍；二是母体高校选派的教师；三是来自其他高校兼职的教师。

从来自母体高校的教师来讲，到独立学院讲课，主要是为了完成母体高校分派的教学任务。他们往往同时在母体高校兼有同样的课程，因此他们也常用同样的教材、教案给独立学院的学生授课，教学内容和方法基本是按照教授母体高校本科学生的方法“克隆”而来，面对独立学院的学生显得缺乏针对性和有效性。由于他们大多属于兼职性质，当天在学校上完课就离开，因此不太关心独立学院的办学水平，也没有潜心研究针对独立学院学生教学法的积极性和主动性。随着母体高校的薪酬待遇有了较大提高，教学科研考核力度加大，再加上独立学院课酬长年保持较低水平，因此，除非母体高校计算教学工作量，否则难以吸引母体高校教师到独立学院积极投入教学。例如，北京某独立学院近 10 年来支付外聘教师的课酬一直保持在每课时 100 元（含税）左右，这样的课酬如今对兼职教师几乎没有任何吸引力，从而也导致无论是来自母体高校的教师，还是外聘有一定教学水平的兼职教师，普遍缺乏兼职教学工作的动力和积极性，经常是找个理由就不来上课了。

从独立学院自己建立的专职教师队伍来看，主要问题是缺乏高职称、高学历的骨干教师，他们大都是通过社会招聘来的刚毕业的研究生，这些专职教师存在着年龄结构、职称结构、学历结构不合理的现象。另外，独立学院聘任新教师通常采用人事代理制度，包括教师档案大多放在人才市场，这就意味着独立学院教师难以享受到国家待遇和编制，这种人事代理制度中存在的弊端，导致专职教师很少有机会参加职称评定和各种学术活动，再加上待遇偏低和发展空间有限，也削弱了对教师的吸引力，特别是在引进较高层次的教师上更显困难。多数教师也普遍没有长期扎根独立学院的打算，因此流动性很大，特别是骨干教师跳槽现象较严重。

从来自社会的兼职教师来看，他们大多是其他高校的退休教师，且其中不乏具有副教授和教授职称者。虽然他们有着较丰富的教学经验，在教学科研获得过很多优秀成果，但由于他们年龄普遍偏大，有些知识结构比较陈旧，教学方法相对固化，表现为某种程度上难以适应独立学院学生的学习状态和要求。再者，他们多数人来做兼职教师，主要动机还是为赚些课时费，缺乏长期打算，因此，难以专注到教学方法的改进中，更不愿意作为学科带头人对年轻教师进行“传、帮、带”，加上有些独立学院提供的兼职课酬过低，扣除个人所得税后所剩无几，对兼职教师根本没有任何吸引力，从而造成兼职教师普遍抱有临时打工思想，一旦有更好的兼职机会，经常会不辞而别，给独立学院正常教学秩序造成非常被动的影响。

二、针对师资的相关政策有缺陷

（一）教师业绩考核政策不适用

业绩考核政策从某种程度上讲如同指挥棒，对教师的教学工作起着引领和导向作用。独立学院对教师的工作业绩考核普遍参考公办高校的做法，基本上是以课时和科研完成情况为指标。但这种做法没有考虑到独立学院的特殊情况，比如，针对独立学院的学生教学如果完全按母体高校重理论课教学的做法往往就行不通，学生对高强度理论课普遍表现出厌学情绪，教学效果也不理想。针对独立学院培养应用型人才的定位，必须增加应用性和实践性教学内容，而实践性内容的课程无论是从课程设计开发，还是组织教学都需要教师投入大量的精力，再加上独立学院学生学习习惯普遍不好，这给授课教师组织教学带来了难度，甚至维系课堂正常教学秩序也要投入大量的精力。这些额外的负担如果在考核制度中不能体现，那么，教师积极性必然受影响，甚至会在教学过程采取应付或敷衍的态度。再比如，独立学院目前普遍还缺乏对课堂组织和教学质量的考核指标，从某种程度上讲，面对学习习惯不太好而且组织纪律比较涣散的三本学生，要想在课堂组织好一门课程非常不容易，这需要任课教师高度负责的精神，而且在教学组织上做好充分的准备，要能使学生达到投入并认真学习的境界，应该是独立学院非常值得重视和需要鼓励的一项工作。目前在教师业绩考核上缺乏这方面的政策引领，导致极少有教师和教研室愿意投入精力研究教学法和如何提升课堂组织教学质量，结果上课照本宣科。上面教师讲课，下面学生玩手机、聊天、睡觉成为一种常态，教学质量根本无从谈起。

（二）学校缺乏有针对性的教师培养和职业发展规划

独立学院成立时间不长，师资队伍大都比较年轻，尽管已走上教书育人的岗位，但他们本身还缺乏很多优秀教师应具备的综合素质。为了实现不断提升教书育人的能力，教师不仅需要在教学实践中锻炼，也需要通过各种学习交流机会拓宽视野，提高自己。作为一种人力资源，教师通过独立学院提供的资源和平台显然更具优势，独立学院通过正式的培养与开发政策，提供比个人更多的机会使教师能力不断得到提升，以更好地适应独立学院教学工作要求。但目前，不少独立学院过于注重教学任务的下达和安排，只要能保证有教师开出课就可以了，缺乏对以年轻教师为对象的职业规划设计，存在着忽视对本校专职教师的在职继续培养和发展规划要求，独立学院既没有针对青年教师的职业规划科学指导，也没有建立起完善的职业发展机制，从而缺乏形成教师不断接受继续教育的长效机制，更缺少教师之间、校际之间学习交流的常态化安排，为教师提供在职进修、培训的机会也很少或者根本没有，使教师处于一种自发成长状态，导致教师见识不广、知识陈旧，进一步影响到个人能力的提升。缺乏明确目标追求的年轻教师很容易出现工作热情消退、积极性降低等负面情绪，一些教师不愿意安于现状，于是就把独立学院当作落实户口或跳往其他优质学校的一块跳板。

（三）科研考核制度有问题

鼓励高校教师在完成教学任务的基础上，积极投入科研活动是高等院校普遍的做法。通过开展科研活动，有利于提升教师个人能力和水平，有利于教师的成果为社会所共享，但在独立学院鼓励教师积极参与科研活动中却出现两种比较极端的做法：一是只求数量，不求质量。一些学院将普遍适用于公办高校的教师科研任务完成情况作为考核指标，要求教师每年完成一定数量的论文、教材、专著等出版任务，但在考核中却对科研成果质量缺乏把关要求，致使一些教师所谓的科研成果粗制滥造，抄袭剽窃。虽然成果很多，但真正有质量、有价值的很少，对教师也没有什么积极作用，最多只有统计学的意义。二是对科研工作忽视不管。不少独立学院在出现资金短缺和教学任务重时，首先将教师的科研工作放在次要地位，表现为在独立学院内很少设立科研和教改项目，既没有引导资金支持，也没有配套激励措施，而要让独立学院的教师参加国家级、省部等部门提供的纵向课题竞争，在短时间内又根本形不成优势，最终导致学院缺乏科研氛围，教师较长时间内普遍缺乏科研成果，更谈不到有成就感，教师的科研发展机会有限，研究能力和理论水平难以提升。因此，教师在职称评定、个人职业发展上找不到方向和依托，致使有科研能力和愿望的教师在独立学院难以安心工作。

（四）收入较低且不稳定

获得报酬是人们愿意努力做好工作的最主要动机，独立学院教职员工的报酬收入情况与公办高校不同，公办高校教职员工的薪酬不仅有确定的资金保证，而且每年还有稳定的增长机制。独立学院教职员工的薪酬主要依靠的是收取学费中的一部分，独立学院每年按国家计划招生的生源基本是确定的，因此收取的学生学费也相对固定，在并不高的学费中首先要扣除上交给母体高校一定比例的管理费，然后才能考虑教职员工的薪酬。此外，还要留出一部分支付学院正常运营所发生的水电、基建、维修、设备折旧等费用。以目前情况看，几乎所有独立学院教职员工的收入都很难达到公办高校教师的水平，在学费不能大幅度提高的前提下，教师的薪酬也不能像公办高校那样每年都有提高。这种薪酬和福利待遇的巨大落差导致独立学院教师很难有满足感和归属感。这也是导致独立学院难以留住教师，特别是难以留住优秀教师的重要原因之一。

第四节 专业设置风险

专业设置是高校人才培养过程的一个重要环节，高校专业设置是否科学合理，不仅直接关系到所培养的学生能否适应岗位需求，也直接关系到社会大众对高等教育投资回报的评价与认可。相对于公办学校，独立学院一些没有竞争力、没有特色的专业将可能面临生源不足甚至停办的风险。面对激烈的竞争，如何形成专业特色，将成为独立院校生存和发展的重中之重。

一、缺乏特色专业

特色是指自家独有且明显区别他人的某种优势。特别是对于独立学院来说，要想在激烈的竞争中立于不败之地，一对一硬拼是不具备条件的，只有在专业特色建设上下功夫，做到“人无我有，人有我优”，才能在市场上占有一席之地。但是，由于独立学院创建之初大都是利用母体高校的优势专业作为办学起点，在当时高等教育资源相对稀缺的背景下，虽然起点高，依托母体高校的师资和热门专业，生源也有充足的保障，但随着高等院校条件的改善，高等教育资源供不应求的局面已经发生改变，招生不愁的日子已经过去，高校之间的竞争已经变成办学特色、专业特色之间的竞争，有特色的专业隐含的意思是质量和稀缺。但是，目前不少独立学院不顾自身的教育资源和实力情况盲目跟风，什么专业热门就招什么专业，文科成本低就多招，理工成本高就少招。在特色专业建设上，独立学院也缺乏行之有效的对策，名义上开设出一些热门专业，但在师资队伍建设以及学科建设上都没有实质性的做法，只是开出一些所谓的课程而已。无论是理论教学水平和质量，还是培养学生的工作实践能力，都无法与其他高校相比。

此外，独立学院这种偏向于市场“热门”专业的做法，也容易造成毕业生知识结构单一，就业选择领域竞争激烈，从而给学生未来的就业留下隐患，导致毕业的学生根本不能适应社会需要，也无法参与就业竞争，甚至造成结构性失业的风险。另外，从独立学院角度讲，专业建设受市场影响也很大，原先的热门专业可能很快就成为冷门，如国际贸易、电子商务、市场营销、企业管理等过去的热门专业，现在几乎每个高校都在办这些专业，如果独立学院不能做出对市场的预测和分析、及时调整专业，就有可能造成招生落空或临时调整专业过于仓促的局面。比如，武汉工程科技学院（已转设独立学院）地质学专业，原来是热门专业，现在变成冷门专业，第一志愿报名该专业的学生越来越少。

二、专业建设论证不够充分

专业建设是高校最重要的任务之一，是否需要对某一专业投入力量进行重点建设，不仅涉及专业本身的完善与发展，也涉及资源投入和预期产出是否匹配等问题。专业建设最重要的基础性工作就是要做好前期的充分论证，包括市场调研分析、自身专业队伍建设情况、专业发展前景等。事实上，不少独立学院管理层将主要精力都放在招生工作上，而对研究专业设置的总体规划则重视不够，对就业市场需求缺乏认真的分析和论证，不少专业论证环节走过场现象严重，缺乏深入细致的分析和研究，论证的依据不是靠科学严谨的调查分析，而是凭经验和感觉，甚至不顾自身是否具备条件，只要能有保证招到学生就盲目跟风，在专业设置上带有较大的随意性和盲目性，如有在学科专业设置上盲目上马新专业的，有因师资而设专业的，有什么专业容易上马就发展什么专业的等。由于不重视专业建设规划的前期论证和研究，很容易造成后续发展的风险，甚至造成不必要的经济损失，导致教育资源的浪费和人才结构的失衡。

三、专业设置名实不符

专业设置本身是需要配套的，如师资力量、相关基础和专业课程设置、使用教材、实验室和实践教学环节等，一些独立学院专业无特色、结构不合理、有名无实现象比较突出。比如，企业管理专业却没开设配套的管理决策、生产运营管理、人力资源管理、战略决策、劳动法等课程。不少学院的实践教学环节非常薄弱，甚至根本就没有专业相关的实践、实验课程，有的只是简单地让学生做一下模拟软件操作，至于这类实验实践课程与实际工作的联系应建立怎样的紧密联系却无人关心。特别是有些专业课程因缺乏师资和适用教材而难以开出时，大都采取停课或临时找人顶替的方式，临时代课教师由于不是长年在相关专业教学，其授课内容大多过于浅显，教学效果差，根本达不到专业人才培养目标的要求。还有的学院培养层次错位，如把本科学生当专科学生培养，短线专业当长线专业培养等，一再降低专业人才培养标准，这就导致人才培养的层次混乱，没有服务重心，其结果就会使这些学生的专业知识结构不完整，根本不能满足社会需要，最后只好改行做其他对专业知识要求不高的工作。

第五节 财务风险

独立学院的财务风险一般是指在确保独立学院正常教学管理运营过程中，因各种因素和不确定性所引发的与资金收支相关的影响，如果这些问题处理不好，就会给独立学院带来经济上的损失和其他负面影响。

一、资金来源风险

根据相关政策规定，独立学院的建设和日常运行资金主要依靠的是投资方的资产资金投入和收取的学生学费。就目前大部分独立学院来看，筹资渠道相对比较单一，投资方除了在建校初期有部分投入外，学校后续的发展所需经费大多数都是依靠学费收入，由于缺乏国家教育投入支持和补贴，在办学成本居高不下的情况下，为维持学校的正常运营，独立学院不得不向学生收取远比公办高校更高的学费，但收费多少是市场说了算。也就是说，收费多少要受独立学院办学条件、办学质量、社会美誉度以及对生源吸引力的影响等，学院不能也不可能随着物价水平的上升而不断提高学费。如果独立学院办学质量不好，社会就会选择用脚投票，也没人愿意为此买单。这表明，独立学院日常运作资金因办学质量问题而时刻面临着不确定性。如果后续资金不足，很容易进一步导致恶性循环，如人才留不住、建设环境差、教学设备设施缺乏等，从而使教学质量更加恶化，直至出现财务风险。

为了解决资金短缺问题，不少独立学院有时会采取向银行贷款的方式渡过难关。虽然适度利用银行贷款筹集学院正常运营所需资金对促进独立学院的发展可以起到一定的积极作用。但它也会带来一定的财务风险，举债过度会造成利息过多，还款压力增大。如果不举债，由于资金短缺，有些独立学院就采取压缩教职员工待遇的方式，虽然能节约办学成本，但低报酬很难吸引优秀师资和管理人员，教学与管理水平也就难以提升，进而导致办学质量不高。如此一来，又会引起社会对学院美誉度的滑坡，所有风险继而又都会集中反映到生源数量的减少，从而影响学费的收入，最终导致独立学院办学条件和质量更加恶化。

二、成本控制风险

高等教育是需要持续大笔资金投入的，特别是物价年年上涨，各种教育教学设施采购成本、教职员工薪酬待遇、基本建设造价、服务外包价格等都不断在增加。正如宁波大学科技学院党委书记徐军伟（2014）所说："经历新一轮高等教育经费增长，全国公办本科高校国家生均拨款在 1.2 万元以上，上海、北京、广东等省市公办本科生均经费突破 2 万元，独立学院的生均 1.6 万元收费没有任何优势。再加上缺乏获取政府办学资助的渠道，还要扣除上缴母体高校的各种资源占用费，公办与民办高校的差距会越来越大。"[1] 因此，在满足办学需要的前提下做好成本控制，不仅关系到办学收益，而且也关系到是否能将有限的资金用在最需要的地方。但是，

1　徐军伟．独立学院大旗到底还能打多久 [N]. 中国青年报，2014-04-29.

在成本控制方面，独立学院的做法却容易出现两种极端的倾向：一是盲目攀比公办高校，特别是在设备设施方面，不顾实际办学需要，过于追求“高、大、上”，结果导致教育资源大材小用，甚至有的设备设施很少为教学所用，常常只是做花瓶，供来客参观用；另一种极端是成本控制过头，办学条件落后，教学设备设施陈旧过时，教职员工的待遇常年得不到改善等。这两种极端情况都会对独立学院正常发展带来风险甚至损失。前者的风险主要表现为，资金有限，此消彼长，在华而不实方面的投入太多，意味着减少办学重要环节的其他投入，尽管投入不少，但实效却不如人意；后者的风险主要是过低的投入，使办学条件落后，教职员工待遇过低，导致师生员工缺乏幸福感，对学院也就难以形成荣誉感和归属感。师生员工如果不能从心里以独立学院为荣，这是很危险的，其结果必然是教职员工难以全身心投入做好本职工作。

成本控制的另一个重点是每年交付给母体高校数额不菲的管理费，实际上也构成办学成本的很大一块。按道理讲，投资方与母体高校的合作本质上是一种合资行为，投资方以资金、实物作为投入条件，母体高校以自己的教育资源、师资、学校声誉经过价值估值为投入条件，双方应该按比例分享剩余收益。问题是目前合作双方分配的不是扣除办学成本的利润，而是母体高校直接从学费收入中“先行拿走”相当的比例，剩下的资金才作为学校运行经费，扣除全部办学成本后，如果还有剩余，还要预留发展基金和按国家其他相关规定提取必需费用后才能轮到投资方。在高等教育办学成本居高不下的今天，扣除上交给母体高校管理费后的资金用来支付学院运营和建设成本实属不易，这无疑是把办学的经济压力全面压在投资方。

三、投资风险

这里所说的投资主要是指独立学院用来产生长期教育教学效用的投资，如学校基本建设投资、教学设备设施投资、专业建设投资、师资队伍建设投资等。理论上讲，独立学院办学定位是应用型人才的培养，因此必须大力加强实践实验教学设备设施的投入，这也是学院教育投资建设的重点。但是，市场变化很快就能传导到相关专业生源的多少上。也就是说，教育投资也容易受市场变化引起的专业调整影响，从而造成投资风险。以中国矿业大学银川学院为例，原先的优势学科之一是采矿专业，但由于经济形势的发展，产业结构出现调整，造成采矿行业对相关人才需求量的锐减，从而导致该专业近年来的招生出现大滑坡，学院不得不逐渐开始停止该专业的招生，而原来花费巨资购置的大批实践教学和实验设备以及实验室，都只能闲置起来，造成不必要的浪费。

四、招标风险

独立学院因发展的需要，会有较多的基建项目、高价值教学设备设施采购项目等，其中一些大宗项目采购或价值较高的项目投资都要通过招标采购环节。由于涉及资金较大，往往成为风险重灾区和高发区，包括外部操作风险和内部管理风险。在外部操作风险方面，主要是投标方的虚假信息和欺诈行为，比如投标方在资质、技术能力都不具备的条件下，隐瞒客观情况，夸大事实，参与学院的投标，结果导致所提供的教学设备或设施根本达不到使用要求，学院最后蒙受损失。从内部管理风险看，独立学院普遍缺乏严格的内部控制制度，未建立有效的监督体系，招标业务流程不严谨，论证走过场，技术审核过于粗糙，甚至发生因个人盲目听信厂家言过其实的宣传就仓促决定购买某教学软硬件产品。一旦购买，要么是实际达不到使用要求，要么是因人的工作调动而使软硬件设备闲置无人能用。还有的情况是，招标工作人员的道德风险问题，如参与招投标决策的人员，利用信息不对称的机会，隐藏自私自利行为，与招标方相互利益输送，以损害独立学院利益为代价，包括以次充好、价格虚高等，然后自己暗中收受投标方贿赂等，甚至还有的人为获得不当利益，故意泄露商业秘密等，造成不当竞争，结果使独立学院蒙受损失。

五、产权风险

独立学院的法人财产权不落实成为制约独立学院健康发展的重要因素。根据新的政策规定，对于选择非营利性办学的独立学院来说，“存续期间，民办学校对举办者投入学校的资产、国有资产、受赠的财产以及办学积累享有法人财产权，任何组织和个人不得侵占、挪用、抽逃”[1]。这意味着大多数投资方的投资行为要改变成捐资行为（相当于赠予），从而会让他们感到投资办教育求回报的愿望落空。因此，目前不少投资方对资产过户问题持不理解态度，甚至尚存抵触情绪，原来有不少社会资本投资方出于获得一定经济回报的动机和提高企业品位的目的，在国家教育投入不足的困难时期，主动参与在教育领域的投资，但“资产必须过户”的政策无异于给它们泼了冷水，投资方投资创办独立学院至少目前还是出于能取得回报为主要动机的，毕竟愿意捐资办学的是少数人，政策强制性规定投资方要在规定时间内完成资产过户，不仅打击投资者的积极性，也为独立学院经费来源渠道带来新的问题，如有的独立学院

1 《国务院关于鼓励社会力量兴办教育促进民办教育健康发展的若干意见》国发〔2016〕81 号.

投资方已经开始考虑撤资并转手，而愿意接手的投资者较少，导致原先的投资者因找不到投资下家而不得不停办独立学院。

综上所述，独立学院发展过程中所遇到的内部风险都是普遍存在的，这些风险的产生与独立学院自身存在的问题息息相关。只要独立学院引起高度重视，完全可以通过科学规范的管理实现有效控制，甚至可消除风险隐患。

第五章

对策与建议

——构建“六位一体”的独立学院全面风险管理体系

chapter 5

独立学院发展如何，不仅关乎学生的成才与就业，同时也关乎独立学院自身的生存。因此，独立学院必须牢固树立风险意识，提高应对风险的能力。笔者在前几章详细分析了独立学院所面临的风险和原因，在总结国内独立学院风险管理经验和教训基础上，从本书的第三章、第四章中重点分析的40个影响因子中提炼并归纳出6个方面的风险管理关键问题：一是法人治理问题。法人治理不到位，就无法实现独立学院内部权力机构、决策执行机构和监督机构的相互激励和相互制衡，也不能达到独立学院投资方、决策执行方（管理层）和监督机构各自独立、权责分明、相互制约的目的。二是风险管理组织和制度体系问题。目前在独立学院普遍缺乏风险管理组织和制度保障，随意性和凭经验处理风险问题后患很多。三是办学质量问题。独立学院办学质量一直饱受社会诟病，长此下去，不仅学生就业成问题，就连生源也将受极大影响，甚至会造成恶性循环。四是激励机制问题。目前在独立学院激励机制比较薄弱，表现在教职员工福利待遇普遍不高，激励方法简单，缺乏激发、引导组织所希望的行为，以及约束组织所不希望的行为，缺少努力实现组织目标和个人目标一致的有效办法，导致师生对独立学院风险问题普遍漠不关心。五是风险防范机制问题，目前独立学院普遍存在风险意识薄弱、风险控制体系不健全、风险应变能力弱、风险管理缺乏科学性等问题，这些问题严重影响甚至制约独立学院风险的管理。六是财务管理风险控制问题。独立学院的各种风险问题都会集中反映为财务风险，如师资水平低引起办学质量不高，继而会引发社会认可度下降，引发生源减少，从而造成学费收入下降，又导致办学进一步困难，形成新的恶性循环等。

本书针对上述6个重要风险管理关键问题，结合有关理论，提出了实施和构建独立学院“六位一体”全面风险管理体系的对策建议，为独立学院风险控制提供新的视角和实施思路。“六位一体”措施包括规范独立学院法人治理，建立健全全面风险管理组织和制度体系，大力提升独立学院办学质量，完善激励机制，建立风险识别、评估、应对、控制和防范机制，建立有效的财务管理风险控制体系。这6个对策相辅相成、不可分割，构成独立学院全面风险管理的有机整体。其中大力提升独立学院办学质量是解决风险问题的关键，没有办学质量做支撑的独立学院永远都可能处于巨大的风险中；建立健全独立学院全面风险管理组织和制度体系是解决风险问题的基础，没有完整权威的风险管理组织就没有组织保障；完善法人治理是解决风险问题的基础，只有明确责任分工，才能形成相互配合、相互制约的格局；建立风险识别、评估、应对、控制和防范机制是解决风险问题的手段；建立有效的财务管理风险控制体系是解决风险问题的重点。笔者根据多年的研究和实践，认为大力推行这一措施符合独立学院实际，具有可操作性强、见效快的特征。

第一节 规范独立学院法人治理

在明晰产权关系的基础上，建立健全独立学院法人治理结构，是我国独立学院完善法人治理制度的关键。根据《国务院关于鼓励社会力量兴办教育促进民办教育健康发展的若干意见》（国发〔2016〕81号）第十九条的意见，独立学院要“完善学校法人治理。民办学校要依法制定章程，按照章程管理学校。健全董事会（理事会）和监事（会）制度，董事会（理事会）和监事（会）成员依据学校章程规定的权限和程序共同参与学校的办学和管理”[1]。所谓独立学院法人治理，是指由法律赋予的、具有人格化的独立学院所应具有的科学化、规范化的组织制度和管理制度安排，经过这种制度设计和安排，使独立学院像人一样具有决策能力、管理能力，并为自己的决策和行为承担法律责任。实施法人治理是目前在所有权与经营权分离条件下最科学有效的方法之一。由于法律上规定的法人治理的相关规定太笼统，董事会、执行层和监管相互间如何实现权责分明不是很具体，真正实施法人治理往往效果差别很大。因此，国家必须采取有效措施，不断规范和完善独立学院法人治理，使独立学院举办方、决策执行方（管理层）和监督机构各自独立、权责分明、相互制约。事实证明，实施规范的法人治理有着明显的优势

1 《国务院关于鼓励社会力量兴办教育促进民办教育健康发展的若干意见》国发〔2016〕81号.

和效果，主要有产权清晰、权责分明、分工明确、管理科学。

美国私立高校数量最多，也最为发达，其风险管理经验值得我们借鉴。“美国私立高等学校都根据州立法机关颁发的特许状，制定有自己的董事会章程或类似条例，对成立董事会的依据和目的，董事会的职责，董事会的规模和人员构成，董事的资格、选拔和任期，董事会的组织结构，董事会主席的产生程序、职责和任期，董事会的会议制度等方面，做出具体的规定。董事会就是依据董事会章程的规定开展各项工作的。”[1]尽管我国独立学院普遍建立法人治理结构，也设置董事会，但还存在着职责不清、利益冲突和委托代理机制不完善等问题。要使法人治理发挥应有作用，就要明确独立学院法人治理结构各组成部分的职能和分工，在此基础上各司其职。具体做好以下事项。

一、强化责任分工、各司其职

完善独立学院法人治理结构，必须合理界定董事会、管理层和监事会的职责和权限范围，避免扯皮，以便各司其职、协调一致地开展工作。

（一）董事会

根据2016年最新修订的《中华人民共和国民办教育促进法》的规定：“民办学校应当设立学校理事会、董事会或者其他形式的决策机构并建立相应的监督机制。”[2]我国现有大部分独立学院几乎由单一投资主体举办，股权结构本身很明确，因此独立学院的法人治理基本上都是以董事会为主导的治理结构，其决策机构就是董事

---

1 刘宝存 . 美国私立高等学校的董事会制度评析 [J]. 比较教育研究，2000（5）：43~47.

2 《中华人民共和国民办教育促进法》2016 年最新修订 .

会（理事会）。董事会（理事会）主要承担以下职责：①拟定和修改本单位的章程；②制定本单位的发展规划；③审议和决定本单位重大业务事项；④负责本单位管理人员的任免或任免提名；⑤审议和批准本单位的财务预决算；⑥审议和批准教职员工收入分配方案和激励考核机制；⑦审议和批准本单位的资产处置方案和年度报告；⑧监督管理层执行理事会决议；⑨法律法规和章程规定的其他重大事务。

（二）管理层

管理层是独立学院的执行机构，对学院董事会（理事会）负责，定期向学院董事会或理事会报告工作。管理层按照独立学院的章程，在独立学院董事会（理事会）的领导下，主要履行以下职责：①拟订学院日常教学管理活动计划；②组织开展各项教学管理活动；③管理学院的财务和资产；④向学院董事会（理事会）提出一般管理人员的任免建议；⑤负责教职员工的聘任和管理；⑥执行学院董事会或理事会的其他决议。

（三）监事会

监事会是独立学院的监督机构，对独立学院的创办方负责。独立学院视具体情况可单独设置监事会或在理事会内设置1~2名监事，主要职责是依法和依照办学章程对董事会（理事会）成员、管理层人员履行职责的情况进行监督；审核独立学院的财务状况；对董事会成员和管理高层的任免、奖惩提出建议等。

二、协调配合，有效制衡

法人治理的基础性工作就是在董事会、管理层和监事会之间进行权利分配，然后根据权利分配，确定各自的职能定位和工作范围安排，从而形成相互制衡、相互合作、共同发展的格局。由于独立学院法人治理结构各组成部分都有自己的效用函数追求，而利益主体之间难免产生冲突和矛盾，为避免发生这类问题，独立学院法人治理结构的各构成部分不仅要通过制度规定的形式明确分工和界限，而且还要明确哪些环节需要协调配合，并有效地实现制衡，包括不同层级机构之间的配合与制衡，不同利益主体之间的配合与制衡。为避免矛盾，防止出现越位缺位、职能交叉现象，独立学院还应及时调整相关制度，严格规范法人治理相关方的行为准则。在明确法人结构中董事会、管理层和监事会各自的责、权、利和事权划分的基础上，要确保通过各自分工负责的重要会议进行相关决策，在决策程序、决策内容、决策形成机制等方面，严格按各自的分工和规定的程序进行界定，不可越权或独断专行。

三、完善委托代理机制

独立学院所有权与经营权是分开的，因此必然存在委托代理关系。实际上，在独立学院法人治理结构中，存在着多重管理学意义上的委托代理关系，如举办方与董事会、董事会与管理层、管理层与教职员工甚至独立学院与外包服务公司等的关系都可以归结为委托与代理关系。根据本书第二章中有关委托代理理论可知，独立学院委托代理的关系当中，由于信息不对称，双方追求的效用函数不同，如果缺乏完善的机制，就有可能出现代理人偏离委托人要求并发生冲突，甚至给委托方带来损失的问题，也就是道德风险问题。为避免出现如上所述的代理人机会主义行为最终损害委托人利益的风险，在独立学院管理实践中，委托方一方面可通过契约中的激励机制条款对其代理人进行激励，力求实现激励相容；另一方面委托方可通过对代理过程进行有效监督，及时发现问题，并充分发挥人才市场的选人机制，以及学院灵活机动的用人机制作用，做好管理层干部培养和梯队建设，可以随时对不称职的管理层人员进行替补换人，形成“能者上，庸者下”的用人格局。通过这两种主要模式对代理人进行激励和约束，可以使代理人的行为不断向符合委托人的预期方向努力。

第二节　建立健全全面风险管理组织和制度体系

实施全面风险管理是高等教育竞争加剧背景下独立学院面对日益复杂的内部、外部环境所做出的现实选择。有关全面风险管理的内涵已经在本书第二章做了详细表述，具体实施全面风险管理则是一个制度建设和组织落实的过程。

一、全员树立风险管理理念

我国部分独立学院相继发生的合作双方冲突、管理层不得力、优秀师资跳槽严重、教学质量降低、停办风波等问题，都为独立学院不重视风险管理组织和制度建设敲响了警钟。影响独立学院发展的风险复杂多变，且多种因素交织在一起，这些因素的共同影响都会对独立学院发展形成不确定性和风险，因此，在独立学院全体教职员工中强化全面风险管理意识非常必要。全员风险意识的强化与企业文化的建立一样，不可能一蹴而就，需要长期不断地坚持、培训和宣传，特别是对于独立学院的管理层来讲，强化独立学院管理层的风险意识和管理决策水平是至关重要的。因此，独立学院必须明确主要领导者要全面负责本单位的风险管理，并将风险责任落到实处。

无数事例说明，建立科学的风险管理理念比风险识别和评估更重要。在国内不少独立学院因风险控制出现问题而造成整顿或停办的案例中，表面原因是因为独立学院缺乏风险控制机制，真正的原因则是独立学院风险管理理念和意识过于薄弱，各部门都缺乏对风险管理工作的重视。因此，全方位树立全面风险管理理念和营造浓厚的风险管理氛围至关重要。要做到这一切，一方面要提高全体教职员工的风险防范观念，增强与独立学院同舟共济的意识，夯实风险防范根基，使风险管理深入人心并成为大家的自觉行动；另一方面通过广泛的风险宣传和重视对风险培训教育来培养所有人员对风险的敏感性和责任心，让全体教职员工认识到自身工作的好坏关系到独立学院发展的命运，养成积极主动做好本职工作的习惯，自觉形成防范风险的意识。

二、制定必要的风险管理制度

独立学院要实施全面风险管理，需要顶层设计，而风险管理制度的建设就是其中最重要的任务之一。目前，独立学院虽然也有一些风险管理制度，但大都不全面，制度执行力偏差。因此，独立学院应尽快建立健全各项管理制度，完善风险制度建设，学习和宣传相关法律法规精神，实施依法治校，防止风险的蔓延。通过补充完善风险管理制度，减少部门间职能的重复、冲突，如建立风险责任机制等。此外，还要改善管理模式，加强管理工作中各因素的内部协调和信息沟通，一旦发生，要做到风险问题能够责任到人，有相应奖惩制度做配合。切忌采取对风险问题不闻不问、放任不管的态度。

风险管理制度制定中，要强化部门的参与，明确各部门的责任。一方面，要让主要的风险易发部门（如教务、人事、学生、保卫、财务、采购等部门）参与决策的制定，广泛听取相关执行单位的意见和建议，这样既能减少政策制定的盲目性，又能获得制度执行部门的理解和支持，减少制度执行过程中的阻力；另一方面，要明确各职能部门的风险管理的岗位职责，界定部门之间的责任边界，避免出现责任不清、责任重叠的现象，同时还要建立风险管理责任追究制度，使相关人员重视并认真负起责任。

制度贵在执行。风险管理制度制定完成后，还需要按制度的规定和要求严格执行，这首先需要明确各相关职能部门的岗位职责，并建立明确的责任追究制度，来保证政策的有效执行。同时，还要积极鼓励教职员工积极参与风险管理。对那些在独立学院本职工作中表现突出的教职员工给予应有激励。对本职工作不力并形成恶劣影响的相关人员在追究直接责任人员责任的同时，也要追究相关负责人的责任，以提高领导层的责任心。

风险管理制度的执行情况要做好及时监督和检查，避免风险管理走过场，监督检查的目的是为了发现问题、力争取得实效。因此，要努力提高监督检查方法和手段的科技含量，确保监督检查结果的准确性和客观性。通过监督检查，对风险的执行和落实情况进行汇总和分析，检查风险管理是否达到预期效果，并从中总结经验教训，对因为没有履行风险管理责任、造成风险隐患和较大损失的有关人员，要进行责任追究。此外，要从风险管理实践中发现问题，如是否有权责不对称的问题，还要及时调查和改善。通过检查监督，还需要把风险管理过程中形成的经验、教训进行总结和提炼，并形成新的规范文件，为以后风险管理提供借鉴。

三、制定风险事件应急预案

由于独立学院有些风险的发生带有突然性，事先几乎没有预兆，还有些风险即使采取一定防范措施，但仍然可能发展到恶化程度。为了防止类似风险事态扩大，独立学院应该建立起必要的应急处理预案，而不是仓促应对，以免造成危机一发不可收拾的局面。比如，独立学院教师跳槽率较高，个别教师突然不辞而别，造成原定课程没有人讲授，如此一来就完全打乱了相关专业学生课程的整个安排。针对这类问题，学院可以采取的应急预案包括：所有课程特别是专业主干课程，必须至少有 2 位以上的教师开设，决不可出现 1 门课程只有 1 位教师的情况，而且要求每 1 位教师至少要开设 2 门以上不同的课程；可采取建立师资人才档案库的方法，一旦需要，随时都有人顶上；可在签订劳动合同时明确做出规定，教师辞职至少要提前 3 个月提出申请报告，否则按违约处理。做好应急处理预案，需要做好 3 件基础性工作：一是对学院影响面大、损失容易失控的环节进行论证和排序；二是建立预警指标和风险管理责任人；三是建立科学的应急方案。制定应急预案实际上应成为对学院管理层的业绩考核要求，旨在提高管理层的风险防控意识，加强事前风险控制与管理。

四、建立权威的全面风险管理组织保障机构

为了保证风险管理的全面性，独立学院还应建立一个独立有效的风险管理部门，由专职人员负责跟踪、收集、整理、分析影响独立学院发展的各类风险数据、信息和动态，如国家政策性风险、生源风险、财务风险等，建立起科学规范的报告与披露的基本数据、指标、范围及时间频率等，定期向学院管理层出具风险研究报告。风险管理部门由学院管理高层直接领导。虽然我国绝大部分独立学院目前还没有独立的风险管理部门，但可以重点先在一些风险高发部门加强风险防范机制的建设，如独立学院的财务部、招标办、招

生办公室、学生处、就业办公室等。此外，独立学院也可考虑聘用一些风险管理方面的专业人员，参与风险问题的论证和评估活动。

全面风险管理的执行主体涉及独立学院各个层级的全体教职员工和所有部门。一线部门是管理风险的第一道防火墙，一线部门要了解学院有关风险管理的规定和要求，主动加强对风险问题的检查、评估以及自我诊断，做好各种不稳定因素的排查工作，遇有较大风险隐患及时上报上级主管部门。管理层作为独立学院具体风险管理领导机构，是风险管理的第二道防火墙，在获得一线部门风险汇报信息后，要及时组织有关力量或专人，对风险的性质、发展规律、可能的损失程度、影响面等做出科学的评估，通过内部协调机制，启动风险管理措施和应对方案，防止风险事件扩大，或达到不可控的程度。此外，管理层要有强烈的风险管理意识，重视风险事件发生前的防范工作，如定期组织培训、宣传，经常到一线进行风险管理调查，了解实情等。董事会是学院风险管理的最后一道防火墙，通过制定风险决策战略和风险防范制度，对重大风险问题的解决进行处理决策等。

五、提升管理层领导力和执行力

独立学院管理层的领导力和执行力建设很重要，因为他们是学校改革发展和全面风险管理的领导者、组织者、推动者，是保证学校各部门协调运转的关键与核心，管理层领导力如何直接关系到学院的教学、科研和管理等工作是否能顺利完成。因此，为保证独立学院卓有成效地开展各项工作，避免不必要的风险损失，以优异的办学质量不断提高社会美誉度和竞争力，独立学院必须建立一支领导力和执行力强、作风过硬的管理层干部队伍。为了提升管理层领导力和执行力水平，管理层要主动参与培训和学习，通过经常性开展风险教育，特别是对管理层进行法律知识、风险防范知识、风险管理知识和实际风险案例分析等，提高管理层应对风险的能力。与此同时，还要把风险预警、风险分析等作为管理层重要议事日程的一部分，使管理层能一直保持高度的风险防范意识。此外，还要将敏感部门涉及的重要风险管理问题（如招标、招生、就业、师资队伍建设、教学质量等）纳入议事日程，及时听取风险管理部门或相关管理岗位提供的风险预警汇报等，及时了解风险发生的原因和发展程度，通过有效措施实现对风险的管控。

第三节 大力提升独立学院办学质量

办学质量决定着独立学院的生死存亡，由本书第三章、第四章风险分析可知，独立学院的很多风险都源自办学质量问题。可以说，独立学院最大的风险是办学质量上不去。

《国家中长期教育改革与发展规划纲要（2010—2020年）》强调，要把提高质量作为高等教育发展的核心任务，处于规模发展后、开始进入内涵发展阶段的独立学院，如果办学质量不行，就得不到社会的认可，报考学生就会选择用脚投票。独立学院“转设”后是否能得到社会的认可，关键还是要看教育教学水平、办学特色和市场认同度。这3个标准将倒逼独立学院提高办学质量、办学特色、学科建设和人才培养模式创新上下功夫。为此应重点抓好以下工作。

一、主动推进教育教学改革

独立学院要提高教学质量，必须主动推进教育教学改革，其目标是使独立学院能真正承担起高等教育所赋予的教书育人的神圣使命，包括使教育结构更加趋于合理、办学特色更加突出，使人才培养、科研水平、社会服务、学生就业等整体水平全面提升，使教育竞争力不断增强等方面。要实现上述目标，就要在建立特色学科和专业群特别是对服务国家特殊需求人才培养项目上勇于探索和实践。

独立学院要提高社会的认可度，必须准确合理定位、明确培养目标、优化专业设置、改革课程体系、注重外引内培、加强师资力量、强化实践教学。在此基础上，利用母体高校在社会上的声誉、影响、品牌优势，坚持实施教学质量提升策略，建立健全教学质量监控制度，压缩外延发展空间，走内涵式发展之路，由过去的注重规模、注重外延、注重热门专业向注重质量、注重内涵、注重可持续发展转变。

独立学院的定位应是以本科教育为主，以就业为导向，按照市场和社会需求，培养具有较扎实基础理论和较强应用能力的应用型创新人才。独立学院的资金来源主要依靠生源的学费，而所有风险又都会集中反映到生源数量上，从而影响到学费的收入，因此独立学院必须坚持根据市场需求的变化调整教学内容和培养人才的方向，通过教育教学改革不断提高办学质量，让学生掌握一技之长，顺利实现就业。从而增加对生源的吸引力，确保学校的持续发展。

二、优化专业设置

独立学院专业设置应在充分尊重高等教育办学规律的基础上主动适应市场对人才的新需要，一方面发挥学校已有学科的专业优势，打造品牌专业，培养特色专业；另一方面通过市场发掘或培育新专业。优化专业设置需要做好以下工作。

（一）注重就业导向和市场的需求

社会在发展，高等教育在进步，市场对人才的需求也在不断变化。对于培养应用型人才的独立学院来说，在专业建设方面应当更加注重就业导向和市场需求，注重与市场的密切对接。在专业设置和建设过程中，独立学院应根据地方或区域经济的发展特征，结合自身实际状况，紧跟市场需求，适时调整专业培养目标，拓宽专业服务方向。与此同进，独立学院要保持常态化、经常性的充分市场调研，在人才培养目标、专业定位、课程体系设置、能力培养等方面进行科学、严格的论证，不断优化专业布局结构，根据国家、社会需要新增或调整专业设置。

（二）专业建设要从自身的比较优势出发

独立学院的专业要想获得社会的广泛认可，必须形成自己的专业特色，具体体现在通识性与专业结合的培养思路上，还体现在服务地方的理念、实践课程的强化与学生创新与创业能力的培养上。在专业设置上，独立学院最应该做的就是从自身的比较优势出发。独立学院除了地理位置、历史沿革、自然禀赋外，还有所设专业必须具备的基本条件，如师资、教辅、教学硬件、设备设施等多个因素，都可以成为自己的比较优势。独立学院在专业设置中最应避免的就是不顾自身条件，盲目跟风。要知道，一旦盲目设置专业，学校就要投入很多教育资源，包括引进教师、购置设备、兴建实验室和教室等。如果专业设置不当，这些资源的投入就可能因无法再用而造成不必要的浪费。

（三）专业设置要有长远目光

独立学院的专业设置要紧跟市场需要，同时要注意不能只顾眼前，要立足长远。为此，在专业设置和调整时，独立学院要重视专业论证环节，注重真实数据的采集和分析，对于自己学院中的一些优势学科和优势专业不要轻易调整或放弃。在建设长线专业过程中，独立学院也要不断投入人力物力和财力，力争形成持久的品牌优势，为未来提升竞争力打好基础。为了科学设置专业，降低专业设置不当所产生的风险，独立学院在论证专业设置时要多倾听教育领域专家和用人单位人力资源部门的意见，特别是认真分析专业就业率分布情况及趋势，因为专业是否具有持久发展的必要，就业率几乎是首要标准。

三、优质和特色两手抓

《国家中长期教育改革与发展规划纲要（2010—2020 年）》指出：要“支持民办学校创新体制机制和育人模式，提高质量，办出特色，办好一批高水平民办学校。”[1] 这也为独立学院健康发展指明了方向。为此，独立学院应努力在优质和特色上下大力气。北方国际大学联盟提出了独立学院实施“三化”的发展战略，即国际化、高端化、个性化。北方国际大学联盟下属高校的实践表明，“三化”战略对独立学院发展具有较强的现实意义和指导意义，从一个更高的层次为独立学院办学发展方向提供了新的思路。独立学院可根据自身的情况或可重点突破，或可同时发力，齐头并进。

所谓国际化，是指独立学院通过与国际较高水平高校开展合作办学等形式，共享先进的教育理念和课程，提升办学质量，为我国的现代化建设输送具有国际视野、熟悉国际规范和国际惯例、较强创新意识和国际竞争力的人才所采取的办学方针。教育部在《高等教育专题规划》（教高〔2012〕5 号）也提出要提升高等教育国际化水平的任务，并做出重大部署，包括“推进教师互派、学生互换、学分互认和学位互授联授。扩大在校生海外校际交流规模，让更多学生获得海外学习、研究经历，提高学生跨文化学习研究能力”[2]。

1 《国家中长期教育改革与发展规划纲要（2010—2020 年）》.

2 《高等教育专题规划》（教高〔2012〕5 号）2012.

这些战略的实施使民办高校也迎来前所未有的重大发展机遇。加强学校国际化建设战略也是独立学院实施“内涵式发展”战略的重要组成部分，加强学校国际化建设有利于学校扩大与国际特别是发达国家在教育、科技、文化和经济等领域的交流合作，有利于培养具有国际视野的区域经济、行业经济发展急需各类专门人才。此举不仅可为国内学生提供更多教育选择机会，通过学习国际化的教育理念和国外优秀大学的办学模式，也可以为国内独立学院的教育教学改革提供可借鉴的经验。

所谓高端化，是指独立学院在提升办学质量的基础上，其办学层次向创建高水平民办高校的更高办学目标迈进的策略。创建高水平的大学对于独立学院来讲具有非常重要的意义。首先，通过建设高水平大学，可以激发独立学院自身的能量，焕发拼搏向上的精神，推动独立学院的转型，由过去注重发展规模向注重加强内涵建设转变，由注重开课数量向注重教学质量转变，由粗放式管理向科学化、规范化管理转变，从而提升独立学院自身的社会形象和美誉度，消除社会的偏见。其次，高水平大学往往也是获得生源的保障，独立学院办学实力的提升自然会赢得社会的广泛认可和政府进一步支持，由此形成良性循环，最终使独立学院走上一条具有较强竞争力、质量上乘、特色鲜明的发展之路。在竞争日益激烈的今天，落后意味着被淘汰，以质量求生存已经成为越来越多的独立学院的共识。最后，一批高水平独立学院的出现也将为中国高等教育改革提供经验和做出贡献。

为实现高端化办学目标，独立学院应以教育部“服务国家特殊需求人才培养项目”[1]为契机，努力创造条件上层次，积极推进硕士研究生层次教育，以创办研究生硕士学位点为切入点，完善学

1 关于开展“服务国家特殊需求人才培养项目”——学士学位授予单位开展培养硕士专业学位研究生试点工作的通知（学位〔2011〕54号）.

科建设，提高整体教师队伍素质，以研究生教育为龙头，实现独立学院整体办学质量的大幅度提升。“2011 年 10 月国务院学位委员会批准北京城市学院、吉林华侨外语学院、西京学院、黑龙江东方学院、河北传媒学院等 5 所民办院校已开始招收专业学位硕士研究生。”[1] 这些民办高校成功获得硕士学位授予权，不仅是它们的光荣，也为创建高水平民办大学树立了榜样，是民办高校在创建高水平民办高校工作中迈出的重要一步，说明独立学院只要坚持加强内涵建设，努力提高教学水平，再加上通过提高奖学金比例和力度吸引更多的优质生源，完全可以具有向更高、更强目标迈进的实力和发展空间。可以预见，在未来民办高校中一定会涌现出一批高水平独立学院，引领和带动中国民办高等教育发展的未来。

除了办学层次，高端化的另一个重要内容是推进高端专业建设。随着我国社会和经济的发展，一些集科技、创新、高端为一体的新业态正迅速形成并发展壮大起来，新经济对人才的需求也提升到新的高度。独立学院高端化的专业建设就是要以培养高端应用型人才的实际需要出发，促进学校自主加强专业优化调整，解决目前教育中存在的专业设置过于陈旧、低端和死板，教学和实践存在脱节的问题，利用独立学院灵活的办学机制，及时调整专业设置，加强对应新经济未来发展趋势需求的专业建设，如与文化创意产业相关的专业建设，包括数字媒体设计、视觉传达艺术设计等；与高科技相关的专业建设，包括大数据、机器人、人工智能、物联网、互联网 + 等；还有与经济管理相关的专业建设，如会计专业（CPA 方向）、金融工程专业（CFA 方向）、金融专业（互联网金融方向）、审计专业（ACCA 方向）等。为了推进高端

---

1 落实《教育规划纲要》建设高水平民办大学 [DB/OL]. 中国民办高校网，2013-04-14.http://www.chinambedu.com/zcfg/2013/04/120034.html.

专业建设，就要积极利用现有独立学院的有利条件，或者是创造条件，重点支持比较高端专业的学科建设和人才培养，积极引进海内外知名教育和培训机构，开展高水平国际合作，提高高端应用型人才培养的水平。

此外，高端化还体现在致力于为社会大力培养高端应用型人才方面。衡量高端应用型人才的标准在不同的发展时期有着不同的要求和界定，本书所说的高端应用型人才不仅是指获得大学的学历和学位，也应包括能契合社会发展需要，在自身的专业领域有较系统、扎实的理论知识；有较多的实验和实践经历及技能；具有较强创新创业意识和开拓能力；具有一定的分析和解决实际问题的能力，更重要的是具有较大发展潜力，在未来能给社会做出较多贡献的应用型人才。为适应高科技和新经济发展的需要，培养适合社会需要的高端应用型人才，独立学院需要精准定位高端应用型人才培养目标，从实际需要出发，大力构建必要的、适应高端应用人才培养的育人条件，包括课程和实践环节，为学生就业创业实现零适应期提供优异的圆梦平台。为实现这一目标，独立学院要整合国内、外教育和行业资源共同实施高端应用型人才的培养。通过强化校企合作、产学研结合，建立起有针对性的人才培养模式，在传授知识的同时，加强人才技能和创新创业能力的培养等，造就一大批创新创业能力强、适应经济社会发展需要的高素质应用型人才。

独立学院各个部门必须要有培养高端应用型人才的紧迫感，要提高对培养高端应用型人才意义的认识，摒弃旧有观念和体制的束缚，开阔视野，学习国内、外同行的先进经验，为高端应用型人才的培养提供良好的内、外部环境与政策支持。为此，一方面要引进国内、外优秀教育资源和师资，推动本土教育教学水平的提高；另一方面创造更多的国外访学、深造机会，使教师和学生在学习国外的先进经验的同时，不断拓宽自身的国际化视野。另外，通过校企合作，共同分享信息，分享经验，携手培养应用型人才，使整个人才培养结构，培养链条更加完善。

所谓个性化，是指在办学过程中，在出色地完成学校各项教育教学任务基础上，整体上又展现出具有与众不同的、稳定的、优质的独特办学模式，它体现一所学校的价值追求。独立学院只有善于在传统与创新上找好切入点，扬长避短，努力打造亮点，形成有别于其他同类高校的办学特色，才能实现内涵式发展，才能有效提升社会认可度。

（一）不断凝练和发挥独立学院优势和强项，培育学校的专业特色

独立学院在发展过程中，获得母体高校的教育资源和品牌专业的支持，已经具备一定优势，独立学院要走向“独立”，必然要走专业建设特色化道路。这也是进一步提升独立学院办学水平，彰显独立学院办学特色的必由之路。为达到这一目标，独立学院应积极对现有专业进行整合和资源调整，凝练专业建设特色化的方向，规划突出专业导向，强化重点专业、特色专业的学科带头人建设，将专业优势凝聚为学科优势；同时，强化学科建设对专业建设的支撑力度，促进优势学科转化为特色专业。

（二）加大对特色专业的投入支持力度

独立学院要集中人力、财力、物力，以及通过政策倾斜，加快特色专业培育与建设，通过人才培养模式创新、特色课程体系建设、教学内容和方法等的系统改革，形成高质量的专业特色。一方面，加强特色专业师资力量的培养和人才引进力度，完善特色专业师资队伍结构，尽快形成团队；另一方面，各项政策向特色专业建

设倾斜，如优先支持特色专业实验室建设，优先支持特色专业教师参与国内外交流和项目申报等。

（三）立足市场需求和学生个性化需求，加强学校特色课程群建设

独立学院要利用学校资源，发挥师资优势，拓展优势学科教育的辐射面，要把学历教育和面向市场的培训结合起来，针对不同学生的个性化需求，主动做好与企业、行业发展的高度融合，为学生设置相应的强化训练课程，使每个学生都能找到自己未来的发展希望。比如，为准备从事专业性较强的学生安排各种执业考证培训，为有志考研的学生设置读研实验班，为准备出国留学的学生强化外语培训，为有意创业的学生开设创业实验班等。此外，独立学院还要不断拓宽办学市场，不仅面向高等教育市场，也要面向社会成人教育的需求，如学历教育、MBA 培训、在职人员培训、出国留学培训、创业培训。独立学院还应设立专项基金，专门用来扶持和奖励大学生创业项目等。所有这些做法既可锻炼师资队伍、提高教师和学校的收益，也可扩大社会影响力。“美国营利性院校在庞大的高等教育体系中为谋得生存，多数是以职业教育培训为主，亦有少数欲与传统高等教育一争高低。”[1] 美国私立高校的这种做法为中国独立学院面向社会服务提供了有益的参考。

四、提升师资队伍质量

清华大学前校长梅贻琦提出，“所谓大学者，非谓有大楼之谓也，有大师之谓也”。教师是独立学院教学和科研的中坚力量，教

---

1 孙艳，陶美重. 美国营利性高等教育及对我国的启示 [J]. 边疆经济与文化，2007（11）：122~123.

师质量如何，决定着高校的教学质量，也决定着毕业生综合素质等。在公办高校不断提高教师待遇并由此形成强势师资队伍的情况下，独立学院应在制度安排上突出什么样的吸引力？这是一个不能回避的问题。对于独立学院来说，是否具备一支优秀的师资队伍，是能否办成高水平高校的决定性力量。为此，在提高师资队伍质量方面需要做好以下工作。

（一）加大吸引人才投入的力度

高素质、高质量的人才是提高独立学院办学质量的关键。针对独立学院师资力量严重不足的实际情况，应加大引进人才的力度，重点引进高质量的博士和硕士生，以及专业技术人才，另外，利用独立学院灵活的用人机制，在人才引进上可以不拘一格，唯才是用。独立学院应在每年的发展计划和经费预算中提高用于人才引进、师资队伍建设的投入比例，逐年提高优秀师资的待遇。此外，独立学院还应通过设立专门的经费，专门用于奖励突出和优秀的人才。

（二）营造良好的人才发展环境

为提升办学质量，独立学院要把解决制约人才发展的突出问题作为突破口，不断完善人才管理体制和机制，创造良好的人文发展环境，使人才在合适的位置上发挥最大的效能。独立学院应切实解决人才工作和生活中的困难问题，关心人才在职称评定、薪酬福利、城市户口等方面的切实需求，并努力加以改善。此外，独立学院还应建立科学的绩效考核制度，形成科学的激励机制，特别是做好教师的职业生涯规划，使教师能看到自己未来的发展空间，使他们对未来有期望和有追求，让教师在不断的自我提升中找到归属感，建立起事业心。

（三）加强教师队伍的培养和建设

独立学院要加大对教师通过继续教育提高教育教学水平的扶持力度，注重与学科建设相适应的教师团队建设，采取积极措施，鼓励和引导青年教师积极参加进修、培训，努力提高自我。独立学院还要通过营造一系列有利于人才发展的环境，促进自身教学团队的形成，为独立学院的可持续发展提供智力支撑和人才保障，减少对外聘教师的依存度，避免因为外聘教师流动性过高而对独立学院教学形成冲击的风险。

（四）加强对年轻教师的传帮带

为了对学生负责，保证教学质量，培养年轻教师良好的职业素养，独立学院要改变目前青年教师刚入职就直接上讲台的做法，积极发挥富有教学经验的老教师传帮带的作用，对年轻教师的教学态度、教学技巧、教学组织、教学研究等进行全面指导和示范，经过至少半年的助教实习，综合考核合格后才可以上台讲课。另外，独立学院还应建立由教务处组织专家进行不定期的随堂听课，并建立起定期组织学生和教师对年轻教师上课情况进行评议评分的制度，必要时可试行由学生根据教学质量选择任课教师的制度，强化对年轻教师的课堂教学质量管理。

第四节 完善激励机制

独立学院实施全面风险管理能否成功，关键还是靠全体教职员工积极主动做好本职工作。因此，独立学院要发挥激励机制的作用，使教职员工有强大动力履行自己的责任和义务。所谓激励，就是根据人们的行为动机，通过施加影响和利用一些手段，使激励对象产生超越在没受到激励情况下的动机和行为水平，并按照组织希望的要求做出努力。激励机制是指激励赖以运转的一切办法、手段、环节等制度性安排的总称，完整意义上的激励既包括激发和奖励，也包括约束和惩罚。

一、完善委托代理激励机制

独立学院能否激发董事会、管理层、教职员工的风险责任担当和与独立学院风雨同舟精神，取决于能否设计出一套科学的委托代理激励机制，以及有效的内部监督机制。因为有效的激励利于提高代理方的努力程度，从而能更好地实现组织目标。由本书第二章表述可知，委托代理理论的核心是研究在利益冲突和信息不对称环境下的经济关系——委托代理关系及其相应的激励约束机制问题。激励是委托人在非对称信息条件下影响代理人行为的有效手段，实施有效的激励永远是委托方最关心的问题。因此，独立学院必须将对代理方的激励摆在优先考虑的位置，把对代理方的激励作为一项长期的持续的工作来抓，充分挖掘和发挥其内在潜能，激发代理方追求卓越而不是得过且过，自觉自愿地为实现独立学院目标而奋斗。唯此才能不断提高独立学院的市场竞争力，才能在激烈的竞争中站稳脚跟。

在委托代理关系中，委托方与代理方各自追求的效用函数是不同的，双方能实现代理关系的前提就是：一方面，代理方有能力完成委托方的任务要求，即使委托方不在场的情况下，代理方仍能保证尽职尽责，努力实现委托方的利益；另一方面，代理方之所以愿意承担委托方交付的任务，是它清楚地知道，只要努力按委托方的希望工作，就能从来自委托方的激励承诺中获得自己预期的物质和精神回报。在委托代理过程中，委托方不可能总能观察到代理方的努力程度，即可能出现信息不对称情况，因此，尽管有双方签订的委托代理协议，代理方也可能会有自利行为，甚至损害委托方利益的行为发生，即代理方产生“道德风险”问题。因此，为防止出现道德风险，使代理方尽职尽力，委托方就要在事先设计好针对代理方的激励约束机制，通过该机制，使代理方清楚地知道，按照委托方的要求去做，就可获得相应的回报；反之，代理方不仅得不到回报，可能还会对自己造成不利的后果，并为道德风险付出代价。好的激励约束机制应能使代理方感到，为采取“道德风险”而获得到益处要比认真履行委托义务更不划算。这样才能保证委托方的利益。

如何使代理方为实现委托方的目标做出最大的努力，这就涉及对代理方有效的激励，从而使代理方乐于为委托方做出努力，并以主人翁的心态融入工作。独立学院是按新机制、新模式办学，因此，激励约束机制的建设完全可以参考企业中一些行之有效的做法进行大胆创新。为在委托代理关系中充分调动管理层和广大教职员工的积极性和主动性，董事会在聘任管理层以及管理层聘用教职员工时，可以从赫茨伯格的双因素激励理论受到启发，在制定激励约束机制条款时，一定要避免出现“干与不干一个样，干多干少一个样，干好干坏一个样”的现象，使出色完成任务的代理方有更高的回报。

二、双因素激励理论的引入

目前，在独立学院的委托代理关系中缺乏有效的激励机制。作为委托方，大都是照搬公办高校的做法，也就是仅通过提高薪金、岗位津贴，改善工作条件等方式来激励代理方。实践证明，这种简单的办法有时难以见效，至少在独立学院这样的环境下效果并不理想。作为委托方，当然知道代理方的工作绩效取决于其积极努力的程度，但如何解决独立学院代理方积极性不高的问题，也一直困扰着委托方。

美国心理学家赫茨伯格（Frederick Herzberg）提出的双因素激励理论（Two Factor Theory）又称激励—保健因素理论（Motivator-Hygiene Theory），为委托方实施管理的激励手段提供了新的思路和方法。赫茨伯格于1966年在《工作与人性》一书中提出了双因素激励理论，该理论认为，“人们的行为会受到众多因素的影响，这些因素通常可分为两类：保健因素和激励因素”[1]。其中，保健因素是维持人们基本工作投入状态的影响因素，有了保健因素，虽然不会使人们产生不满意感，但也不会增加满意度，更不能起到有力的激励作用，人们并不会因此而焕发出更大干劲；但如果没有这些保健因素，人们往往就会产生不满意的感觉，也就不会付出任何努

1 [美] 赫茨伯格 . 工作与人性 [M]. 译者不详 . 北京：中国社会科学出版社，1966.

力。这些因素包括薪金、职务、工作安全、组织政策和管理、人际关系等，通俗地说，就是人们愿意工作的基本保障。激励因素则是能激发人们积极的因素，有了激励因素，可以有效增加人们的满意感，从而会使人产生更高的积极主动性和工作热情，激励因素主要有与业绩好坏相联系的提成、晋升机会、工作挑战性、授权与信任等。可见，只有完善和加强激励因素的建设，才有可能起到有效激励人的作用，才能提高人们的投入积极性。如本研究报告第四章所述，独立学院最大的风险就是代理方积极性不足，工作努力程度不够，甚至出现道德风险，其原因在此可以得到较好的解释。

由双因素激励理论可知，尽管物质报酬具有很强的激励作用，但如果运用不当，其效果就只是起保健作用，如高薪和很高的岗位津贴，在很多情况下并没有起到激励作用。如果将物质奖励与个人贡献率挂钩，效果就会完全不一样。比如，企业中市场销售人员的薪酬分两块，一是基本工资；二是业务提成，而且业务提成上不封顶。显然，基本工资部分是保健因素，而业务提成则是激励因素。正是这样的激励机制，使市场业务人员往往成为企业中最努力工作的一批人。在独立学院的委托代理关系中，完全可以参考类似的激励机制。比如，独立学院就需要改变过去那种仅通过提高薪金、岗位津贴、改善工作条件等方式激励代理方的做法，可以采取保健因素＋激励因素双管齐下的新策略，通过制定必要的考核指标，并将其作为激励因素兑现的依据，这样做不仅能充分调动起代理方的积极性和主动性，也可使代理方个人价值得以实现，个人福利得以增长，与此同时，委托方的利益也能实现，各项工作可达到有效性和高效率的目标。这样独立学院才得以健康发展。据此，董事会在与管理层签订委托代理激励契约时，可以考虑将对管理层工作绩效的报酬分为两部分：一是基本报酬部分，如工资、岗位津贴，这部分相对固定，以保证管理层能有基本的工作投入状态；二是激励部分，通过建立科学的绩效考评制度，在管理层实施年度绩效奖金奖励制度，奖励数额获得多少取决于事先确定好的一些重要指标完成情况，如学校在同类高校的综合排名、专业排名、社会美誉度、教职员工流失率、学生流失率、教职员工满意度、学校有无发生重大事件等。

此外，还要注意物质激励和精神激励的组合使用。按照马斯洛需求层次理论，人们通常会有从低到高 5 个不同层次的需求，第一层次是生理的需求，第二层次是安全的需求，第三层次是社交归属的需求，第四层次是尊重的需求，第五层次是自我实现的需求。马斯洛认为，低一级需求在满足后，就不再有激励作用了，只有更高一级的需求才会具有新的激励作用。由此可见，管理者想要持久而高效地激励员工，必须不断改进激励方法，根据代理方不同层次的需求设计有针对性的激励因素，比如较高层的代理方更注重的是自我价值实现的需求，获得高薪已经不是其主要动机，他们更看重成就感，因此，对这样的人要给予充分信任，大胆授权。同样，独立学院办学质量的提升需要一批高素质的教师队伍，而高素质教师队伍的培养又离不开科学有效的激励机制。为此，独立学院要充分发挥激励机制的作用，建立以人为本的师资考核评价制度。作为委托方的管理层，在与学院教职员工签订委托代理激励契约时，也应充分挖掘教职员工的特性，了解他们自身的个人价值追求是什么，在保证基本薪酬和物质条件的同时，有针对性地设计好激励因素，根据教学质量、学评教分值、科研考核成绩指标等完成的情况确定相应报酬和奖励。当然，激励因素不仅有金钱和物质，还应包括荣誉、使命、竞争、沟通、授权、发展空间等。因此，独立学院管理层要为教职员工设计好不同岗位的考核标准和晋升通道，帮助教职员工制定职业生涯规划，让教职员工认识到，只要在工作中认真、扎实，做出成绩就有实际路径能够向上晋升并获得相应回报，这不仅是对教职员工价值的肯定，也是独立学院留住人才的切实做法。

目前独立学院的教师队伍主要是由专职教师和外聘兼职教师构成，专职教师多半是刚刚走出校门不久的研究生，他们富有激情，有干劲，思想开放，创新意识浓，大都非常热爱从事教学工作，但其角色转换还不到位，教育教学经验还欠缺，教育的责任心和使命感还不够强，有时也会因待遇、福利、关系、发展空间等问题表现出不安心工作的情况，甚至跳槽到其他单位。在独立学院的兼职教师有较多成熟的教育教学、管理和科研经验，有现成的教育教学成果，其中不乏是原所在学校的中坚力量甚至学术带头人。此外，他们来自不同的高校，能为独立学院注入不同的教育理念和学术养分，他们对独立学院教育教学工作的顺利开展和稳步发展非常有价值。但他们往往具有不稳定性的特点，临时打工意识强，缺乏融入学校的动机，随时可能会停止工作甚至不辞而别，影响学院正常教学秩序。因此，独立学院必须认真研究对他们的激励问题，营造良好环境，稳定教师队伍。

三、期望理论的运用

独立学院要想吸引人才、留住人才，还要通过期望理论的运用，让人才在独立学院工作，使其有在未来实现个人价值和职业生涯目标的期望。著名心理学家和行为科学家维克托·弗鲁姆（1964）专门研究了在目标尚未实现的情况下如何使目标成为影响人们动机和行为的问题，在此基础上创建了期望理论。他在该理论中提到，“人总是渴求满足一定的需要并设法达到一定的目标。这个目标在尚未实现时，表现为一种期望，这时目标反过来对个人的动机又是一种激发的力量，而这个激发力量的大小，取决于目标价值（效价）和期望概率（期望值）的乘积。”[1]弗鲁姆的期望理论对通过建立人们预期追求而有效地留住人才、调动人的积极性具有一定的启发和借鉴意义。为吸引优秀的人才到独立学院工作，独立学院就需要创造一个良好的人才环境，让来的人对独立学院的未来和个人价值追求有很好和明确的预期，使他们真正体会到，来独立学院工作是人生正确的选择，在这里可以实现自己的人生理想和自我价值的发挥。比如，通过薪酬制度设计，对教学效果突出、深受学生欢迎的优秀骨干教师，应该加大奖励力度，在独立学院的教师中确立一个期望值，那就是他们的收入水平不仅可与母体高校比肩，甚至可能会因工作出色而取得更高报酬。

四、完善兼职教师管理制度

外聘兼职教师作为高校师资力量必要而有益的补充，对高校的建设和发展做出了巨大的贡献。独立学院一定要特别重视外聘兼职师资的作用，在加强外聘兼职教师制度建设的同时，强化教学过程管理、提高服务水平、营造良好的外聘兼职教师的工作环境，才能让他们更积极主动地为所在高校做出更大的贡献。

（一）完善兼职教师的课酬发放方式

外聘兼职教师具有高校体制外的特殊身份，独立学院对其的可控性相当有限，只有强化过程管理和结果考核，并将报酬分为两部分，一是课时基本津贴，主要根据外聘兼职教师的职称、学历、资历等综合因素；二是与授课质量挂钩的绩效课酬，主要根据专家和学生的教学质量评议评分，并将这些评议测评记入外聘兼职教师档案，作为以后续聘或解聘的重要依据，这样才能对其进行有效约束

1 Victor H.Vroom.Work and Motivation[M].John wiley & sons.Inc.1964.

和制约。

（二）建立学生对兼职教师授课质量进行综合评价的制度

教师授好课是分内的和应该做好的工作。一个教师要在学生的心目中有威信，不仅要熟悉教学业务，还要有较全面的综合素质。教师不仅要做良师，而且要做益友。实践证明，学生评教活动对教师教学的质量、态度、方法、能力等方面都会起到不可低估的作用。学生虽然可能会感情用事，但普遍已具备基本的判断力。独立学院可通过设计重点评价科目，保证其具有科学性、可操作性和灵活性，采用定量与定性有机结合的分析方法，有的放矢地征求学生的意见、了解教师课堂教学情况。因此，把学生的意见作为评价外聘教师教学工作质量的参考意见是必要的，积极开展学生评教活动也有利于外聘教师注重自己的形象和不断提升教学质量。

（三）保障外聘兼职教师合理的利益需要

获得一定的经济报酬是兼职教师从事兼职教学工作的主要目的。因此，独立学院要保障他们的经济利益。此外，为了提高外聘兼职教师的归属感和荣誉感，还要营造良好的尊重外聘兼职教师的氛围，为远道而来的兼职教师提供必要的休息、备课条件，从学校领导到学生都关心爱护外聘兼职教师，让外聘兼职教师参加必要的组织和集体生活，参与评选外聘优秀教师，并对其进行大张旗鼓的表彰奖励等。

第五节 建立风险识别、评估、应对、控制和防范机制

一、认识风险管理的一般规律

提高管理者的风险意识与风险应对能力，促使管理者积极地应对风险，很重要的一点就是要认识风险管理的一般规律。根据独立学院的风险特点及其实际情况，可将风险周期分为 3 个不同的时期，即风险酝酿期、风险爆发期和风险处理结果与后遗症期，依据这 3 个时期风险发展的不同特点，开展有针对性的风险管理，以尽量减少风险的危害。

（一）风险酝酿期

风险酝酿期是指风险还处于萌芽或潜移默化状态的阶段，表面看，风险的负面影响虽然并不明显，但如果不引起重视，没有及时采取必要的防范措施，就有可能积微成著，最终导致风险的爆发。这一阶段的风险管理任务主要应是执行必要的风险识别和防范制度，责任落实到人，定期进行风险分析和检查等，防微杜渐。如果经过分析认为风险可能有扩大趋势或后患无穷，就应及时采取措施，将风险消灭在萌芽状态。

（二）风险爆发期

风险爆发期是指风险超出可承受范围，并引起连锁反应，风险事件大量出现。风险一旦突破预警防线即进入爆发期，就可能有明显破坏性作用产生，甚至会威胁到组织的生存和发展。此时风险管理的主要任务就是全力有效应对，及时对风险进行干预和控制，防止事态扩大，尽可能减少风险所造成的危害。

（三）风险处理结果与后遗症期

风险处理结果与后遗症期是指风险经过紧急处理后，表面上风险问题可能得到解决，但是否真正从根源上消除产生风险的因素，还有待分析观察的阶段。这个阶段的风险管理任务主要是进行风险处理结果与后遗症期的冷静分析、痛定思痛、亡羊补牢。其目的在于进行风险的恢复管理，吸取教训以避免风险重复发生。如果处理不彻底，可能会使风险的残余因素继续发酵，可能又重新进入新一轮的酝酿期，直至风险重新爆发。

二、风险管理的一般工作内容

独立学院风险管理的工作内容一般包括风险管理目标设定、风险识别、风险评估、风险应对、风险控制、风险监督等，这些内容体现从风险识别到风险原因分析，再到实施规避措施的一系列基本规范。

（一）目标设定

目标设定是独立学院全面风险管理的逻辑起点，其根据在于独立学院的使命和宗旨，它反映独立学院风险管理的基本方向和要求。目标设定对独立学院实施全面风险管理至关重要。首先，它为实施风险管理设定方向；其次，为独立学院的风险管理责任的落实提供依据；最后，对风险管理执行结果实施奖惩的标准。因此，设定风险管理目标必须做到：一要符合实际。风险管理目标要针对独立学院的实际情况和发展规划而制定。二要分解落实。要将独立学院的风险管理目标和指标进行分解落实，形成各职能部门和各关键活动的具体风险管理目标。三要与时俱进。风险管理目标应反映内外环境及独立学院经营活动现实状况，并随着环境和条件的变化应不断修订和完善，使目标起到促进作用。

（二）风险识别

风险识别是指运用一定方法对风险问题的发现、关注和确认的过程。防范和规避风险威胁的产生，首要任务是识别风险。要识别风险，首先，要收集风险信息，独立学院可以参考《中央企业全面风险管理指引》的要求，广泛深入持久地收集影响独立学院办学目标实现的各种有利因素与不利因素，包括内部与外部，历史的、现时的及未来预测的，并将收集任务的职责分工落实到有关职能部门。通过风险信息收集，逐渐掌握风险发生、发展的规律。其次，风险识别要做的是对收集到风险信息加以分类、整理、提炼，这项工作也可通过建立必要的风险数据库和数据分析模型完成，以实现对风险信息的快速识别。最后，根据信息确定风险的存在，由专职部门或专人进行整理并做进一步风险评估。

（三）风险评估

风险评估就是利用科学方法，对已经识别出的风险进行定量和定性的确认，包括风险对组织工作的影响、风险发展趋势、影响范围、可能造成的损害程度以及蔓延产生危机等情况。风险评估常用办法主要有组织有关人员进行风险评估，包括请具有相关知识和经验的专家参与；可以参考其他单位，特别是曾经发生过类似风险的单位的经验和教训；如果数据充分，关系明确，还可以利用定量分析方法，比如提高教职员工待遇，若每人都向上调薪，通过定量分析，就可以清楚地知道，在学费收入不变的情况下，是否有可能会出现经费不足的风险。

（四）风险应对

风险应对是全面风险管理的核心，是指在确定风险问题必须解决的基础上敢于直面问题，运用有效手段，标本兼治，以防风险扩大或再次发生。风险应对的措施一般有 4 种，即规避风险、转移风险、降低风险和接受风险。具体内容见本小节的第四部分。

（五）风险控制

风险控制是指将风险控制在独立学院可以接受的范围之内，使风险不至于影响到独立学院各项工作正常进行。风险管理的控制要贯穿独立学院各项教学管理工作整个过程，包括事前、事中和事后，但越早发现风险，越早采取措施，风险管理的成本就越低。

（六）风险监督

风险监督是指独立学院为防止由于环境的变化而导致风险的变动或产生新的风险，而对内部控制系统运行情况进行的监控，通过持续监督各种风险状态，监视残余风险和识别新风险，保证风险管理计划的实施。检查监督在形式上要制度化和多样化，无论是全面的还是专项的、集中的还是分散的、定期的还是突击的，都要有计划、有安排、有方案、有总结、有分析，有跟踪整改措施，确保检查监督的连贯性。

三、建立健全风险指标体系

独立学院要建立一套科学的风险识别和预警方法体系，包括指标体系和评估体系等，及早向决策层发出风险预警信号，并及时采取防范和控制措施。全面风险管理的对象是独立学院内部、外部各种来源的风险整体，因此，要建立健全能反映独立学院发展状况的风险指标体系，特别是一些关系独立学院稳定发展的重要指标更要给予足够的重视，如国家针对独立学院的有关政策及变化、独立学院在同类高校综合排名变动情况、独立学院强势学科和专业的排名变动情况、独立学院招生报名人数与录取比、师资特别是骨干教师流失率、学生对教师教学水平和管理层管理水平的好评率、投入产出比、考研率、就业率、出国留学率等。指标的制定要全面考虑是否符合实际、是否有利于独立学院的长远目标、不能误导各级管理人员。

为获得重要的信息，独立学院必须密切关注具体状况及变化趋势，加大对内部、外部环境监测系统的投入，及时处理内部、外部信息，要随时掌握独立学院的内部信息，包括生源、就业、财务、师资队伍、专业建设等方面的信息。对于外部信息，独立学院要及时掌握国家有关民办高等教育的政策法律法规及独立学院发展动态。要想很好地对风险进行管理控制，先要知道影响独立学院发展或成败的因素都有哪些，这些因素极有可能成为影响独立学院发展的风险因素。

风险指标体系是风险预警系统的组成部分和基础环节，建立这套体系的目的就是能够及时发现风险隐患和苗头，为进一步采取控制措施提供预警依据。因此，风险指标最终要落实到风险预警系统的建立上。风险预警系统就是根据风险指标提示，经过对风险损失程度的分析以及对风险恶化程度的分析，向管理层发出风险预警信号的系统，包括对风险指标经过定性和定量分析所产生的预警信息，经过对风险指标信息技术处理所产生的预警信息，以及人们经过对风险指标及时观测所发现的异常预警信息等。

四、有针对性地实施风险应对策略

风险应对策略通常有以下 4 种：

（一）预防（规避）风险策略

预防（规避）风险策略就是为了限制不利的风险因素发生的可能性，提前采取一些先行措施，使风险因素难以形成、扩散或扩大。独立学院的风险管理措施大都是预防性的，这种策略虽然不可能消灭所有的风险，但对于具体风险来说是可以避免的。比如，独立学院一时难以找到合适的优秀师资开设某类课程，为避免发生教学事故风险，可建立兼职教师档案库；规定每门课程必须至少有 2 位以上教师任教，每位教师至少开设 3 门以上课程；利用一些有资质的其他教育机构提供的优质教育资源，特别是在线教育或网络课程等，从而防止出现自身师资突然变化的风险。再比如，独立学院对某些专业需要调整，但如果学院的师资条件不具备，或者是相关设备设施条件和管理能力不能适应时，独立学院应暂时规避这种调整所产生的风险，等条件成熟后再进行专业调整。

（二）转移风险策略

转移风险策略就是在无法消除风险的情况下，把风险的影响和责任转移到第三方或由第三方分担部分风险，如向商业保险公司购买一揽子保险单，以规避可能遇到的风险，特别是为部分贵重财产上财产险，以规避院校师生中可能发生的人身、财产等重大风险损失；再如，在独立学院制定全员业绩奖罚制度，将办学质量责任和风险分摊给每个人，也属于一种转移风险的策略。此外，还可以利用吸引其他投资方合作办学形式，转移一定风险。

（三）降低风险策略

降低风险策略就是利用政策或措施将风险降低到可接受的水平，降低风险策略主要是为了降低或挽回风险损失。比如，将有限的资源分散用于不同地方，以分摊或降低遭受灾难性损失的风险，或者是对每项重要教学管理工作都要定期进行风险分析和预测，并制定风险应急预案，一旦出现风险，立刻实施。以独立学院专业设置为例，由于专业设置受市场影响较大，原来的热门专业可能会随着经济的发展而成为冷门，像中国矿业大学银川学院的采矿工程专业、武汉工程科技学院的地质学专业都经历了这一过程，引起招生困难，甚至停办该专业，最终导致相关专业的前期设备设施闲置。由于这 2 所独立学院较早地预测到这一风险，及时进行了专业调整，从而减低了不利风险的发生和影响程度。

（四）接受风险策略

接受风险策略就是在面对风险时，没有退路，也没有选择余地，只得积极接受风险的策略。比如，独立学院骨干教师跳槽较频繁，有时甚至是不辞而别，从而造成课程因无人上而被迫中断，如果没有相应的接受风险策略，就会造成打乱教学安排的风险，造成不良影响。为解决类似问题，一种做法是只能选择被动地接受，但要从中汲取教训，改进相关工作方法，避免类似事件重复发生；另一种做法就是预先建立起风险储备（预留）项目，包括资金、师资、其他替代资源、备用方案等。风险储备的多少取决于风险的概率、影响和可接受的风险损失程度。需要强调的是，尽管承受风险造成的损失是不得已而为之，但并不意味着任凭风险继续发酵，而是尽快将风险损失控制在尽可能低的程度，并认真总结经验，亡羊补牢，避免类似的风险再次发生。

（五）构建风险管理信息化系统

为提高风险管理的科学性和效率，避免过多的人为因素干扰，独立学院可与开发单位合作，开发风险管理信息系统。信息系统是一种先进的数据综合分析和处理平台，可做到对风险相对精准的量化描述，对于风险的量化评估有重要支撑作用，可从根本上提升全面风险管理体系数据处理水平。通过数据接口，可以将独立学院主要风险管理部门的信息进行收集、分类、整合，让风险管理部门较快地掌握学院各个环节的风险苗头，及时从定量和定性分析上掌握源头信息。风险管理信息化系统还可显示有价值的风险分布图，使管理层能直观地掌握独立学院目前所处的风险状态。这样的工具对于提高独立学院管理层对风险的感知度和决策的科学性是非常重要的。

第六节 建立有效的财务管理风险控制体系

独立学院的财务管理是独立学院管理工作的重要组成部分，也是一项专业性很强的基础性工作。如果财务管理机制不健全、工作混乱，势必影响学校其他工作的正常运转，影响学校的大局，为此独立学院必须加强财务风险管理。对于独立学院来讲，财务风险主要包括预算风险、筹资风险、现金流风险、投资风险、债务风险等。有效控制财务风险对独立学院稳定健康发展具有重要意义。所以，认真研究财务管理工作，探索财务风险管理方式，是独立学院全面风险管理的重要内容之一。

一、加强预算管理

预算是指单位将各项收入汇总后，全部纳入单位的财务计划管理，根据单位各部门的需要，进行综合规划、统筹安排，以实现资金使用效益最大化的目标。显然，预算既是单位开展财务活动的依据，也是单位资金落实收支任务的纲领。可以说，预算管理工作是单位财务管理的核心工作。通过合理制定和执行预算，有利于实现学校教育资源的合理配置，有利于资金的充分利用，也有利于独立学院减少资金使用不当所造成的风险。因此，加强预算管理是独立学院财务工作的重点，科学的预算管理需要做好以下工作。

（一）做好预算的编制工作

预算编制是一项非常重要的基础性工作，预算编制质量如何，直接关系到单位财务活动执行质量和效果，因此，需要有认真严谨的态度。独立学院的财务收入来源相对单一、基本固定，因此，预算工作的重点是支出预算和执行。为保证预算质量，独立学院应采取以教学和管理部门预算为基础的预算管理模式，在编制部门支出预算时，一类是固定预算，如人头办公经费、基本办学教学用耗材等，另一类是新增项目预算，如新增教学设备设施、新增建设项目等，编制这类预算要注意防止出现的问题有：①预算编制过于随意，特别是在没有做好充分调查论证的基础上就盲目编制；②过于强调部门重要性，争抢和占用资源和资金；③预算考虑不足，造成执行过程中不得不追加预算；④部门领导干预过多，其他人不好意思发表意见。在资金收入有限的情况下，学院针对编制预算采取的原则应是要确保预算的严肃性约束性，量入为出，将预算控制在学院承受范围内。针对各部门编制的支出预算要分出轻重缓急，要有所为有所不为，优先保证学校日常支出的需要，然后考虑满足重点项目的资金需求。

（二）认真执行预算

为发挥预算最大效益，关键是在执行。预算的执行应由编制预算的部门执行，在执行过程中，要将执行责任落实到人，同时还要有必要的监督和检查，防止与编制的预算出现太大的偏差，对出现的问题要及时解决，同时，还要开展预算项目支出质量的跟踪和评价，以便对无法完成的预算项目所产生的问题采取必要的补救措施，而不是只要有人在执行预算就放任不管。特别是针对预算的执行要有预备应急方案，避免出现预算执行人员出现调整或其他问题而造成执行上的困难。

（三）预算调整和控制

预算在执行过程中，由于主客观条件的变化，或者是最初在编制预算时考虑欠周密，可能就会出现预算执行偏差问题，如预算资金不够，需要追加投入，否则，项目难以保质保量完成。由于某些原因，原先的项目如果再继续推进，已经没有意义，这时就需要停止执行预算，以免继续造成损失。此外，对预算项目要建立必要的档案库，特别是对学校的教育教学设备设施项目的执行情况、使用质量和效果等统一纳入信息档案，作为日后预算审批的参考，避免将来重复申请或多头要钱，防止占用资金而不干实事的现象发生。

二、筹资风险控制

筹资风险一般是指在借入资金后，由于种种原因而引起偿还困难甚至无法偿还的可能性。高等院校的建设与发展需要大量的资金支持，如征用土地、基本建设、教学设备设施、图书材料、实验室、师资队伍建设、学科建设等，都需要有大笔经费支持来做保障。高校办学成本高是个不争的事实。由于独立学院是按照新机制、新模式运行，国家对民办高校只是给政策，办学所需要的资金依靠的是社会力量。在办学成本居高不下的今天，要保证在较短时间实现独立学院的快速建设与发展，投资方必然要解决资金问题。独立学院不像企业那样本身具有造血机能，筹集资金后如何偿还借款都会有一定的不确定性，因此在筹集资金问题上，要注意控制可能产生的风险。比如，通过从银行贷款以解决独立学院的资金急需，为避免发生债务风险，就要做到根据实际需要，恰当使用贷款，将贷款真正用到办学确实需要的地方。另外，还要做到不要举债过度，以免增加还债负担。

独立学院为使筹资既能达到改善办学条件的目的，又能减少利息压力，降低筹资风险，首先，优化负债结构。学院要对资金使用项目进行科学论证，特别是结合学院发展规划，将资金使用项目按轻重缓急进行排序和分类，据此确定均衡分配筹资，保证筹资的安全边际，避免集中还款现象的发生。其次，要正确分析学院财务状况，包括收支平衡、学费到账期、还款能力等，以避免出现无力还款的情况。再次，要加强资金管理，对资金投入和使用情况要及时了解，充分利用资金的时间使用价值，防止出现将筹集资金挪为他用，或出现资金闲置等情况发生。最后，还要考虑多种筹资渠道，实现风险分散，如利用校办第三产业的收益、学校对外提供服务的收益等。

三、现金流风险控制

现金流风险主要是指因学院现金不足而无法满足学院日常开支，从而影响到学院正常工作的可能性。比如，现金流不足，就可能发生拖欠工资和奖金发不出来的情况，进一步会引起教职员工的不满，甚至会影响工作的顺利进行。现金流不足还可能会引进偿还借款的困难。因此，独立学院保持一定的现金流非常重要。做好现金流风险控制需要做好以下工作。

（一）加强学费收缴管理

在没有国家财力支持的情况下，独立学院办学资金的来源主要是依赖学费收入，因此，要制定严格的学费收缴制度，通过加强对学生的诚信教育，减少无故拖欠学费现象的发生。保证学校运行有足够的经费。

（二）加强对现金流计划管理

学校日常工作对资金具有一定规律性，因此，要对现金的使用周期和数量建立健全科学、正确的预测制度，如加强预算管理，随时发现和解决问题，不该花的钱坚决不花。在财务上要尽量减少资金的占用，确保现金使用高峰期（如还款期、发放工资和奖金期等）有足够的流动资金。此外，对现金的管理要实行集中管理，避免出现分散管理、多头管理的情况。

（三）加强对应付账款的管理

学院财务部门要对筹资还款期做到心中有数，并提前做好现金准备，尽量避免集中还款，更要避免还款违约受罚风险的发生。

（四）加强对其他现金收入的管理

独立学院在办学过程中多少都会利用自身的资源，通过多种形式获得一定的经济回报，如举办培训班、成人教育、科技成果转让、对外服务等，都会产生一定的现金流收入。为避免截留或挪作他用，独立学院应加强管理，除制定有关制度外，还要建立健全账目管理细则，并安排专人负责，做到每项现金收入都要做到账目两清，并按相关规定及时入账。

（五）加强对现金使用情况的分析

为确保现金在使用过程中做到合理、合规，除了重视审批环节，还需要加强对现金使用情况的了解，如定期结账、定期分析现金使用是否合规、现金是否已经派上用场，特别是还要防止部门私设小金库的行为。

四、加强投资风险管理

投资风险主要是指由于各种原因的影响，使投资的结果达不到预期目标，甚至会带来损失的可能性。投资风险管理就通过有效的方法，将投资风险损失控制到最小或可承受的范围内。为保证办学基本的办学条件和教学质量，独立学院每年都要投入较多资金用于校园建设、教学设备设施采购等。这些投资项目大都具有资金量大、效用受益辐射面广的特点，一旦投资失误，造成的经济损失和影响就会很大。为保证实现投资效用，防止出现投资风险，需要做好以下工作。

（一）对投资项目进行认真论证和分析

独立学院在决定投资前，组织有关部门的人同内外专家对项目进行全面科学的分析和论证，包括项目实施后的效益和效用、受益群体、效用保持年限、后期的维护成本，还要对可能存在风险问题及程度进行分析等。在此基础上，再做出投资决策就会避免不必要的风险。

（二）建立健全科学的财务决策机制

首先是制定严格的投资决策程序，包括立项、审批、权限、责任等都要做出明确规定，避免人为干扰，还要建立投资决策责任追究制度。

（三）对投资项目验收、使用和问题及时跟踪管理

为确保投资项目能达到原定目标要求，就要全程跟踪管理，一方面对原先已经预料到或已经识别的投资风险进行考察，看该风险是否发生变化，是向好变化还是恶化；另一方面要注意对新增风险进行识别和控制，防止这类风险带来新的损失和破坏。

五、加强成本控制

多数独立学院投资是来自社会资本，而社会资本历来都非常重

视成本控制问题。但独立学院与企业性质不同，独立学院没有原材料、没有库存、没有生产资料的消耗，也没有投入、产出、利润等立刻能见分晓的情形，投资方通常也不会刻意追求利润最大化，成本控制主要体现在如何节省不必要的开支上。此外，还要认真分析学校日常工作中可以削减或需要控制的支出项目，对重要的开支项目要有严谨的论证过程，特别是对预算外新增项目的开支严格控制，不必要的开支坚决不能网开一面。独立学院的成本控制对象主要包括以下几方面。

（一）教职员工的薪酬和福利

这是日常办学成本最大的一块开支，薪酬是指直接通过金钱支付给教职员工的那部分报酬，如工资、奖金、岗位津贴等；福利是指通过其他手段支付给员工的那部分报酬，如五险一金、节日福利、带薪休假等。控制这部分的成本主要方法应是在对岗位科学进行分析的基础上，安排正确的人在正确的时间做正确的的事。其中也包括通过设计绩效考核与薪酬激励机制，使教职员工在本职工作中做出最大努力。

（二）教学经费

教学经费主要是指为完成学院各项教学任务而必须付出的成本，如图书资料、学科建设、教改项目、实验实习、实验耗材等，这部分成本控制的重点是如何在保证教学质量需求的同时尽可能节约开支，如精选图书资料、节约实验耗材、加强学科建设经费使用过程的监管等。

（三）行政经费

行政经费主要是指学院保证行政管理正常工作所需要的费用，如物业管理费、差旅费、会议费、办公耗材、宣传、水电暖等支出。这部分成本控制的重点是在对行政费用进行测算的基础上，将经费指标分解到部门，并制定使用原则，在保证正常行政管理质量的前提下，实现节约各项开支的目的。

（四）维修经费

维修经费主要是指用于学校的教学设备设施、建筑物、场地等进行日常维护管理的支出。这部分成本控制的重点是教育师生员工爱护学校公共财物，依照规范要求使用各种教学设备设施。此外，要做好分散风险工作，如通过制定有关纪律规定，对造成学校财物损失的人员采取批评、教育或经济赔偿，使全体人员建立起爱护学校公共物品的意识。

（五）设备资产经费

设备资产经费主要是指为满足教学所需而采购的教学设备设施及资产，包括实验室设备设施、办公设备、学校建筑、学校教室设备配置等所付出的投入。这部分成本控制的重点是，要通过深入调查研究，按照专业布局和学科建设的要求，优化教学资源配置，合理购置实验教学设备，避免重复购置、重复建设等浪费现象发生。采购设备过程中要有节约意识，不要过分追求高档次，提倡物美价廉。

（六）资产折旧费

资产折旧费是指为保证办学需要而占用的固定资产的价值。如教学建筑物、设备设施等的价值都会随着时间推移发生价值损失，这部分成本控制的重点是如何提高设备资产利用率，通过建立归口管理和专人负责制，规范使用并定期做好建筑物和设备设施日常保养工作，避免提前报废，延长其使用寿命和折旧期。此外，还要注意资产的安全，如按规范使用和保养等。

六、拓展筹资渠道

在没有国家资金投入的背景下，独立学院的日常运行与未来发展仅靠学费支撑是很困难的，经费不足必然会制约各方面工作的开展。从办学条件上讲，经费不足就不能有很好的教学设备设施，就不能很好地完成实验教学任务，从师资队伍建设看，缺乏经费的支持，教师待遇不能提升，物质利益得不到满足也会导致师资队伍不稳定，优秀人才留不住。因此，拓展筹资渠道就应该是学院非常重要的策略。根据国内外高校成功的经验，拓展筹资渠道主要有以下做法。

（一）争取政府资金支持

《教育部关于鼓励和引导民间资金进入教育领域促进民办教育健康发展的实施意见》[教发〔2012〕10号]明确提出了支持高水平有特色民办高校建设的政策措施。

（二）吸引社会力量投资

加强对外合作，通过组织基金等形式吸收一定的社会闲散资金，扩大投入渠道。

（三）利用提供社会服务增加收入

独立学院可充分利用学院的人力、物力、教学资源等优势，开展多种形式、多层次的对外服务并获得收入，如合作办学、举办短训班、培训班、成人教育等，还可将后勤社会化，如出租教学设施设备、对外提供服务等。

（四）利用科研成果转化或科研项目增加收入

鼓励教师积极申报纵向课题和横向课题，通过承接国内外研究项目获得科研经费收益，积极培育科研项目，增加科技成果转让收入、合作项目开发收入、资助大学生创业并孵化创业项目收入。

七、加强招投标工作的风险管理

在独立学院快速发展的背景下，学院基建和大宗教学仪器设备设施等都需要通过招投标过程，招投标流程存在管理的漏洞导致招标工作中存在不少违规行为，是独立学院发生风险问题较多的业务，招标风险管理不当，通常都会给独立学院带来较大的经济损失，一些招标项目因为存在重大问题，甚至会影响到学院教学和运行。为防控招标出现风险损失，独立学院应在整个招标过程做好以下有效的风险防范工作。

（一）立项阶段风险管理

根据规定，独立学院的大宗教学办公物资的采购、基本建设项目上马等，具有涉及资金量大、使用周期长、受益面广的特点，为防止发生立项随意性产生的风险，在立项阶段，必须科学实行决策和管理，包括有多名专家参与的科学论证，而不是凭少数人拍板决定。此外，项目必须专人负责，最终用户责任落实到具体的个人，涉及教学设备设施，至少还要有教学主管部门的意见。特别是要建立责任追究制度，如果立项造成经济损失，要明确参与决策人员，特别是项目负责人的经济赔偿责任。

（二）招标阶段风险管理

招标阶段通常也是初步选择投标人的阶段，这一阶段的主要风险是项目决策参与者私下将自己的关系户拉进来，甚至连招标书都让关系户撰写，关系户为达到中标的目的，往往会利用这一机会，特意在招标书提出排他性条款，为最后由关系户中标奠定基础。为避免此类风险的出现，学院要组织专家团队对标书内容进行审查，特别是要在招标文件中增加投标方的诚信保证条款。此外，还要安排项目负责人进行答辩，尤其是针对一些排他性条款的答辩。

（三）评标阶段风险管理

此阶段主要是在分析投标文件和其他资料的基础上，对参与投标单位进行选择。这一阶段风险防范的重点应该是防止评标走过场或以偏概全进行评标导致失误，特别是内外串通、弄虚作假、相互利益输送等，对此的解决办法是由独立学院财务部门、采购部门、审计部门和相关专家组成的团队全程参与，对投标人的资质和业绩情况提前进行深入调查了解或在中标后的公示期进行复查。特别是对招标文件中的技术指标和投标方资质要求的条款，要认真核对。

（四）定标阶段风险管理

这一阶段主要是确定中标方。其风险主要是中标方资质造假，或者是中标方夸大其词、虚假承诺，甚至为抢到订单，不惜大幅压低价格，从而为中标方保质保量执行订单任务埋下隐患。本阶段风险管理重点应是在公示期内，对中标方各种资质和业绩做进一步调查核对，特别是对其用户的反馈意见进行调查了解。如发现问题，尽早中止签订合同。如果暂时没有发现问题，独立学院在与中标方签订合同时，一定要增加中标方的违约责任条款，特别是在中标方的交货质量保证、交货期限、后期服务承诺等内容一定要标明违约所承担的法律责任。

（五）项目应用阶段风险管理

本阶段的任务是项目的实施和应用。这一阶段的风险主要是项目达不到预期要求甚至是根本不能使用，或者是中标方暴露出采取的是钓鱼策略，如果学院不追加资金，项目就会一拖再拖，使学院陷入沉没成本的困境。为防止此类风险发生，一方面，独立学院要根据规定，追究项目负责人的责任，如果发现在招标过程中存在与中标方之间的利益输送或其他违规问题，必要时要依法处理，或根据损失大小，确定当事人的经济赔偿责任；另一方面，对中标方的问题，要根据合同书的条款约定，特别是违约条款约定，通过法律渠道解决问题。

八、建立健全财务风险预警机制

预警机制的建立在独立学院整个风险管理体系中具有极其重要的地位，特别是财务风险的防范更应重视预警机制的建立，这是因为财务数据往往最先通过资金周转情况反映独立学院真实运营是否健康。独立学院财务风险预警系统的构建可以为风险识别、风险分析、风险监控等提供强有力的信息支持和手段，从投资方到管理层，再到职能部门，都应该从微观角度上积极主动建立学校财务风险评估预警机制，设计必要的财务预警指标和系统。为避免独立学院在发生意外及其他各种不可抗拒因素给投资方造成损失，可以考虑在财务预算中拨出专款，专门用于财务预警设备设施的建设，加强内部管理，严格规章制度，把可能发生的损失降至最低。

第六章

案例分析

chapter 6

<<<

第一节　兰州某独立学院女教师刘某患癌症被开除事件

事件背景：2015 年 1 月 19 日，兰州某独立学院将患癌英语教师刘某开除，且在被开除后校方拒绝承担其医保及薪资待遇，在历时 1 年多的协商仲裁与法律裁决无果后，特别是法院判决“开除违法无效”后，该独立学院仍拒不执行。刘某于 2016 年 8 月 14 日去世，年仅 32 岁。让民众愤慨的是，在其治疗癌症期间，她所供职的独立学院以旷工为由将她开除。此事一经媒体披露引发舆论广泛关注，此事件也引起网民愤怒，矛头直指该独立学院领导，特别是通过网民的人肉搜索，更是揭露出该独立学院许多其他管理问题。在强大的舆论压力下，8 月 22 日，该独立学院决定恢复与已故患癌女教师刘某的劳动关系，学院在官网刊发道歉信，向刘某老师的家人道歉，并对该独立学院人事处处长做出停职检查的处理。

事件中，该独立学院的处理方式对社会情绪造成强烈冲击，尤其是这样一种行为发生在理应充满人文关怀的高校，而在随后传言的该学院处理类似情况并非首次后，进一步引发各方的口诛笔伐。在公办学校改制、社会办学日益多元化的今天，高校管理能否跟上改革步伐，高校教师职工能否在改革中获得更多存在感，理应引起社会关注和反思。

一、本案例风险分析

风险之一：负面信息容易引起社会高度关注，且传播速度快。任何事件，特别是负面信息都可能会引起社会的极大关注、发酵。在信息技术发达的今天，高等学校是信息发生和传递的重要领域，学校的突发事件通常很快就能传到社会上。2016 年 8 月 18 日，“新浪微博”用户“梦 qiong”最先在微博平台发布兰州某独立学院患癌女教师被开除的消息。随后，中青在线发文《大学癌症女教师被开除事件调查》，引发网民热烈讨论。20 日，某独立学院在其官方网站发文《关于刘 ×× 老师一事的情况说明》。22 日，兰州该独立学院再次发布《道歉信》，“独立学院院长学历造假、领导作风粗暴”“兰州某独立学院恢复患癌教师劳动关系，人事处长被停职检查”等信息一直持续不断。新华社等媒体继续作跟踪报道，网民对其保持持续热议。2016 年 8 月 18 日至 2016 年 8 月 23 日，媒体关于“兰州某独立学院患癌女教师被开除”的新闻报道约 2 590 篇，报道的主要媒体为《牛城晚报》《北京晨报》《新京报》、中国新闻网、中国教育新闻网等媒体。

兰州该独立学院因开除患病女教师事件而遭到社会各界的“围殴、谴责”，在各路媒体的刨根问底中，事件不断发酵升温，该独立学院原先的某些“光环”已经暗然失色。诚然，院长如今对已往的“决定”已经予以否定，同时对已逝教师进行经济补偿，并对家属给予慰问和致歉。但是，这些迟到的表达无法抚慰已受“重伤”的心灵。该独立学院一下子从一个国内寂寂无闻的学校变成一个国内“著名”学院，而且，因借助“互联网 +”的优势，在国际上都变得更加知名。通过本案例可以看出，独立学院自己可能以为不大的事件，经过媒体的参与有可能被放大，并引发学院信誉和形象危机，如果学院缺乏危机管理意识，不能做到危机风险识别，不能及

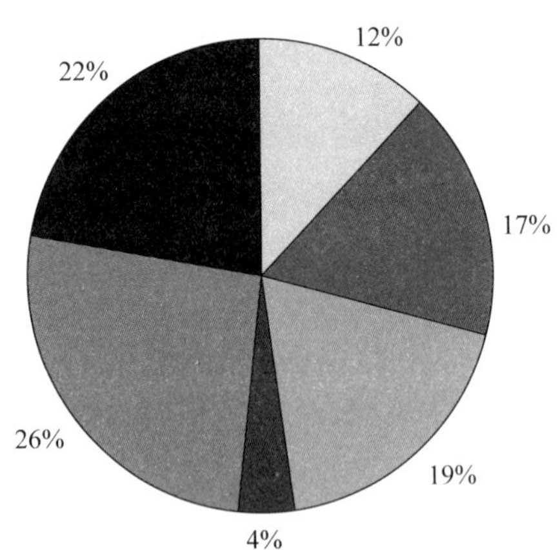

图 6-1 “兰州某独立学院患癌女教师被开除”媒体报道分析

数据来源：蚁坊软件舆情监测系统。

时妥善处理风险苗头，就可能积小成患，最后一发不可收拾，造成更大损失。

风险之二：权力缺乏制衡的风险。该独立学院的院长陈某既是董事长，也是院长，人事和财权都归她一个人所有，造成学院管理个人独断专行。独立学院的创办采取的方法主要是企业投资，母体高校投入教育资源，双方合作办学的模式，由于追求的效用函数不同，投资方与合作高校难免会有矛盾。据报道，该独立学院母体高校兰州某大学安排的多位院长都因与陈某合作困难而选择离开。但矛盾并不应该是无解的，完全可以通过落实学院法人治理结构，明确合作双方权利义务和权限边界，使各方都按合作协议做好自己的分内之事。另外，“民办教育促进法”里也有规定，担任民办高校院长一职，一般要有 5 年以上教育工作经历，但陈某却根本没有在高校工作的经历，显然，只熟悉企业管理的陈某直接担任学院院长也为后续出现风险问题埋下伏笔。再有，院长的人格与素质往往决定着一个学校的前途和命运，陈某在处理患病女教师问题上，明显缺乏权力的有效制约，整个程序几乎没有经过必要的决策程序，如教职工代表大会审议等，更没有监督机制，从而给陈某本人和学校带来极大的负面影响，人们自然会就此联想到：院长如此，教师队伍会怎样？由这样的学院培养出的学生又会怎样？

风险之三：管理高层不懂法的风险。该独立学院开除患病女教师事件引起社会普遍批评，但纯粹从一个法律的层面来思考：一个单位到底能否开除患病员工？什么情况可以开除，什么情况不可开除？开除与解除劳动关系哪个更符合法治原则？要知道，作为一家独立学院，该独立学院与教职员工的劳动关系依据的是《中华人民共和国劳动合同法》。根据《劳动合同法》的规定：“劳动者生病享受医疗期，医疗期内用人单位解除劳动关系，属于违法解除，应该支付劳动者赔偿金和医疗补助金；劳动者享受的医疗期结束后，仍然无法工作的，用人单位提出解除劳动关系合法，但是仍然需要支付经济补偿金和医疗补助金。”[1]

从上述法律条文可以看出，现行中国法律并没有说职工患病，单位就一定不能解除劳动合同关系，只是规定“在医疗期内解除劳动关系，属于违法解除……劳动者享受的医疗期结束后，仍然无法工作的，用人单位提出解除劳动关系合法，但是仍然需要支付经济补偿金和医疗补助金”。可见，这里解除劳动关系是否合法的关键点是员工的状态在医疗期之内还是之外。

1 《中华人民共和国劳动合同法》2007-06-29.

根据《企业职工患病或非因工负伤医疗期规定》（劳部发〔1994〕479号）：“医疗期是指企业职工因患病或非因工负伤停止工作治病休息不得解除劳动合同的时限。”[1]

企业职工因患病或非因工负伤，需要停止工作医疗时，根据本人实际参加工作年限和在本单位工作年限，给予3个月到24个月的医疗期：“（一）实际工作年限10年以下的，在本单位工作年限5年以下的为3个月；5年以上的为6个月。”[2]

患癌的刘某到该独立学院工作不足5年，享受的医疗期应是3个月。她从10月份请假去北京治病，到第二年1月被开除，时间上已经符合三个月的医疗期，学院依法可以因此而解除与刘某劳动关系，但该学院错在学院管理高层领导力水平低，既不懂法，也不学习政策，而是以“旷工”并采取开除的方式处理，特别是在法院判决“开除违法无效”的情形下，该独立学院仍执迷不悟、拒不执行，表现出一种公然挑战法律权威的态势，这就惹起了众怒。如果学院能根据相关法律规定，根据“医疗期满，刘某无法返回原单位工作为由，解除双方劳动合同，并给予一定的经济补偿也就没有后续的危机了，尽管多少也有些不近人情，但至少这样做是合理合法的。

二、本案例的启发

（一）要加强依法治校，特别是加强容易引起风险爆发的法律教育，如劳动法、保险法等

虽然学校不能以盈利为主要目的，但是，在学校工作的工作人

1 《企业职工患病或非因工负伤医疗期规定》（劳部发〔1994〕479号）.

2 《企业职工患病或非因工负伤医疗期规定》（劳部发〔1994〕479号）.

员应该能进行有效的工作，来为学校创造财富，这样学校才能可持续发展。根据相关法律规定，对于因病不能保持劳动的工作人员予以解除劳动关系，从社会法律的层面来讲是没问题的，但从人道的角度来看是不妥当的。总的来说，学校是应该承担该教师一部分的医疗保障责任的，从“五险一金”中体现出来，但只是一部分的基本医疗保险，而不是全部，对重大疾病则显得无能无力。实际上，独立学院教职员工难免会有因得重大疾病而影响正常工作的情况，为了对这些无法避免的影响和责任进行风险转移，以规避可能遇到的风险，除了可以考虑向保险公司购买一揽子保险单外，还应在教职员工入职之初就向其宣讲有关劳动保护法的知识，积极鼓励教师主动购买重大疾病保险，将风险分摊到保险公司，这实际上是属于一种转移风险的策略。

（二）要重视独立学院管理层领导力的提升，加强法人治理建设

从各方面报道可以看出，使该独立学院院长陈某成为众矢之的，包括“学历涉嫌造假”“被指借办学敛财”等负面信息相继被曝出，但更多的报道是关于她在学院的管理风格独断专行、缺乏制衡机制、领导力水平不高等方面的问题。这也给我们敲响了警钟，那就是独立学院管理者如果缺乏较强的领导力，政策水平不高，又不善于学习和加强集体领导，以个人经验和意志代替科学决策，特别是在独立学院领导人科学管理水平不高的情况下，决策失误就一定在所难免，从而会给独立学院带来风险损失，甚至还会激化很多矛盾。

第二节 浙江某独立学院“停止招生”事件[1]

浙江某独立学院创建于2006年2月6日，是由浙江某投资集团与上海某大学合作创办的一所独立学院。按照双方合作办学协议的约定，该投资集团负责办学资金投入和学院基本建设，母体高校负责教学工作，学院每年将总收入（学费）的20%作为管理费上缴母体高校。

该独立学院成立1个7人的董事会，双方各派3人，另聘当地政府方面董事1人，在母体高校方面的主导下，学院又成立了董事会授权下的校务委员会，主要人选均是母体高校人员。校务委员会成立之后，包括中层干部任免等诸多决策直接就由委员会做出，不再经董事会讨论，这让投资集团觉得受到了排挤。

该独立学院获批后运行不久，在越来越多的重大问题上，双方意见严重对立。这些冲突也交织着双方在利益上的争夺。虽然独立学院只是大学和企业合作办学的产品，双方并无合资关系，但母体高校方面却提出重新分配该独立学院“股权”的要求。所谓的股权分配，实质上是独立学院收益的分配。2008年下半年来，母体高校先后提出多项要求，包括母体高校要获得学校30%的“股权”，当地政府获25%，投资集团占45%；母体高校以无形资产“控股”

1 陈中小路．无法独立的“独立学院”——上海财经大学浙江学院“停办事件”调查[N]. 南方周末，2010-06-24.

独立学院；母体高校放弃每年 20% 的学费分成，但要求学院运行 20 年之后，所有资产无偿归母体高校所有；把原全部属于投资方所得的宿舍、食堂的收入也纳入 20% 的分成基数等。

这些方案均遭到投资集团的反对。但每当双方意见不能统一时，母体高校都会提出“停止招生”为要挟，这也是当初双方办学协议中的规定，即该独立学院的招生计划必须得到合作大学的签字认可方能发布。

双方矛盾日趋激化，僵持不下，难以继续合作，以这样的方式下去，独立学院无法维持，最后导致学校停止招生。2010 年 6 月 11 日，浙江省教育厅、该合作大学和当地政府联合发布 1 份通告称，根据教育部和浙江省委省政府的精神，上述三方就办学问题协商后决定将合作方调整为当地属国有企业，继续在当地办学，保持独立学院性质不变，“停办事件”由此而渐渐平静下来。

一、本案例风险分析

（一）投资方与母体高校双方由于责、权、利边界划分不清所产生的风险

投资方与母体高校双方因期待实现共赢而合作办学，但由于双方追求的效用函数不同，同时还交织着双方利益和剩余控制权的争夺，值得重视的是，双方在合作办学协议条款中急于求成，权利界线划分不清，造成合作过程总是互相争权夺利、冲突不断。其实，双方的合作不应该是零和博弈，而是一荣俱荣、一损俱损的利益共同体。为了规避可能产生的后期合作矛盾，独立学院做好风险管理事前控制十分必要。本案例中，双方在合作办学之初，应该充分利用签订合作办学协议书的机会，对一些重要事项做好约定，将双方责、权、利边界划分清楚，避免职能重叠。但本案例恰恰在这一重

要环节没有做到位，在很多重大问题上意见严重对立，双方最初的协议条款存在问题，从而为后续发生矛盾埋下了伏笔。比如，根据双方签订的相关协议，“独立学院的招生计划，必须要得到合作大学的签字认可方能发布”这一条款，实际上为双方的合作矛盾埋下了伏笔，每当双方意见不能统一时，此独立学院的母体高校就有权以“停止招生”作为筹码，逼投资方让步，这意味着让母体高校具有一票否决权，无疑是完全控制着独立学院，这实际上是为双方平等协商机制设立了障碍，也是后来双方矛盾激化的因素之一。

（二）决策权设置不当引发的风险

本案例中引发双方合作矛盾的另一个因素是决策权设置问题。根据法人治理的要求，独立学院决策层的主要组织形式是董事会（理事会），管理层是独立学院的执行机构，对学院董事会（理事会）负责。董事会的重要职能之一是负责独立学院管理人员的任免或任免提名。但这一制度性安排在母体高校方面主导下却变味了，本来独立学院成立一个董事会授权下的校务委员会无可厚非，也是必要的，问题是该委员会有着超越董事会的更多决策权，包括中层干部任免等诸多决策就直接由委员会做出，不再经董事会讨论，这让投资方感到自己应有的部分决策权被剥夺，觉得被排挤而很难接受，最后激化矛盾，导致双方无法继续合作。

二、本案例的启发

本案例说明，合作办学双方在追求各自效用函数过程中，如何实现共赢很重要。双方要从合作一开始，就要打好合作基础。特别是在签订合作办学协议环节，务必将双方的责任、权利、义务边界确定好，特别是对出现矛盾时解决机制的确定，不能留下模糊地带，任何涉及剩余所有权的重大决策问题都必须经过双方协商解决，决不可一方说了算，要将经过协商并双方同意的条款作为制约双方行为的准则。建立健全独立学院法人治理非常重要，法人治理的各构成部分的事权要通过委托代理协议确定下来，不可随意更改，董事会、管理层和监事会之间不仅要分工明确、互不插手，而且还要协调配合，并有效地实现制衡，包括不同利益主体之间的配合与制衡等。另外，双方为避免发生不必要的矛盾，防止出现越位缺位，实现协调配合，就要从制度上建立风险事先防范机制，把双方的责、权、利边界划分清楚，严格规范独立学院法人治理结构的事权划分，合理界定董事会、管理层和监事会的职责和权限范围，避免扯皮，以便各司其职，协调一致地开展工作。在合理界定董事会和管理层、监事会的职责范围基础上，还应根据独立学院章程的规定，制定法人治理结构的工作制度，以便及时处理好在具体事务中出现的交叉、重复和相互扯皮问题，使法人治理走上规范化运作的轨道。

一、研究结论

本书运用理论分析和实证研究方法对独立学院风险管理问题进行了系统研究，笔者结合自己工作亲身经历，以及通过对独立学院风险问题现状的分析，得出以下基本结论。

（一）独立学院的发展确实面临着不少风险

在本项目研究过程中，笔者重点从内部、外部两个方面共十个维度，对独立学院风险问题进行了深入细致的分析。笔者切实感到，由于独立学院成立时间较短，缺乏足够的经验积累，特别是采取新模式、新机制办学方式，其过程具有很多创新性和探索性，因此必然也会伴随着许多新问题和不确定性，再加上独立学院本身存在的一些先天不足，风险问题更是在所难免，而且有些风险的负面影响甚至有越发严重的趋势，这种情况应该引起包括投资方和独立学院管理层在内的足够重视。

（二）独立学院全面风险管理是一项系统工程

独立学院发展过程所面临的风险问题复杂多变，各种风险问题交织在一起，相互影响、相互作用，有些风险可能会因相互叠加而放大，有些风险可能会因相互抵消而减少。因此，独立学院不能仅仅从某个个别角度来考虑风险问题，就事论事是解决不了根本性问题的，必须根据风险组合的观点，从贯穿整个独立学院的角度综合考虑风险问题，即要实行全面风险管理。

（三）开展对独立学院风险问题的研究势在必行

随着近年来我国高等教育“就业质量”概念的兴起，有关独立学院办学风险的问题开始引起世人的关注，特别是一些独立学院发生的重大事件，也对独立学院风险管理问题的研究提出了紧迫要求。目前，我国独立学院风险管理的研究与实践虽然还只是刚刚起步，但也已经取得一定成效，部分独立学院开始重视风险问题的防范与治理，尤其是在财务风险管理、招生风险管理等方面都取得一些实际效果，但这还远远达不到有效管理风险的目的，说明进一步深入研究独立学院的风险管理问题仍然十分紧迫和必要。本书将全面风险管理理论作为一种新的方法和工具，力争以新的视角，通过运用全面风险管理理论和委托代理理论，深入分析我国独立学院的风险问题、产生原因及影响机制，提出“六位一体”全面风险管理对策，为独立学院实施有效的风险管理解决方案提供了新思路，从而也进一步丰富了国内高校风险管理的理论和研究成果。

二、研究展望

独立学院是我国高等教育事业的一个新兴事物，发展时间不长，其本身还有许多不成熟，导致对独立学院的认识和研究都存在着片面性和不深入等的问题。本研究项目以独立学院风险管理问题为对象，涉及面广泛复杂，既有来自外部因素的影响，也有来自内部因素的影响，由于自身水平、时间和精力都有限的影响，本书仅选取了部分独立学院作为研究样本，难以形成能反映独立学院全面情况的研究结论，因此只能留待以后做进一步深入细致的研究。本书对独立学院的风险管理问题虽然做了较为系统的研究和分析，但以下内容仍有继续深入研究的必要。

（一）对风险预警指标系统的进一步研究

风险预警指标是专门用来对独立学院存在的各种风险进行识别的，这是我国独立学院建立完善、严格的风险管理体系、培养独立学院风险管理文化的重要组成部分，也是加强风险管理理论和应用的基础性研究工作之一。由于我国独立学院的特殊性和国内风险管理理论研究及其应用的滞后性，在国际上发达国家已经应用成熟的一些风险管理方法，要吸收应用到我国独立学院的风险管理体系中还需要一段较长的时间。特别是风险管理工作基础性的预警指标体系，还需要风险技术手段的支持，以及大量历史数据的积累。现实中独立学院面临的风险会受到多种因素的影响，使科学全面的风险预警指标的建立与分析十分困难，目前情况是，定量分析较少，定性分析较多，造成风险预警的指标建立误差较大，难以做到准确。本书虽然也涉及一些风险指标，但由于独立学院的自身情况相差较大，风险也各不相同，在实际风险预警指标的收集过程中选取的指标也不尽相同。因此，文章在建立独立学院风险预警评价指标时，为分析方便，只是选取部分相对重要的指标，并未列出独立学院全部的风险预警指标。逐步建立起高效、科学、以定量分析为主的风险监控和预警指标体系，对有效管控独立学院风险问题，特别是提前发现风险苗头，评估其危害性和影响面，防止风险扩大和蔓延，及时解决问题，防止风险损失扩大，都是具有非常重要的意义。

（二）对独立学院风险管理机制的进一步研究

独立学院风险管理是指对独立学院发展过程中出现的风险现象和风险预警指标进行识别、评估、分析的基础上，从中找出规律性的东西，发现风险的内在联系及发展规律，在学院工作运行中不断通过自我调节、自我完善、自我控制，有效消除风险损失的管理过程。这种管理涉及多项管理决策职能的联动效应，包括有预见地、有效地应对各种风险，优化组合各种风险管理技术，对风险实施有效的控制，妥善处理风险危机，以最小的成本达到最大的安全运行保障等。当某风险预警指标出现时，所有相关职能部门都能根据各自的责任和职能行动起来，从而实现多部门的及时响应和联动机制，将风险限制在可控制范围内。比如，独立学院教职员工出现重大疾病风险的情况，如何提前将类似的风险做好制度性安排，以达到分散风险的日的。日前，由丁独立学院管理层风险意识普遍不强，对风险管理工作不够重视，学院的风险管理体系不完整，忽略预警控制和干预机制的建设，导致管理层普遍缺乏应对风险的基本常识和实践能力，遇到风险时慌乱、无法冷静、不知所措，理不清如何科学地进行危机管理。因此，独立学院要形成风险管理联动机制，这将涉及建立有效的激励和责任机制、建立必要的考核制度、建立具体风险指标的分解与责任人制度设计等多方面配套改革，同样也需要不断总结经验和教训，继续加强对这方面有关内容的深入研究。

（三）对“六位一体”全面风险管理对策实施效果的进一步研究

本书根据研究体会提出的“六位一体”全面风险管理对策，为独立学院风险管理提供了新的解决思路和参考。该对策是笔者基于对风险问题的认真研究和长期工作实践经验的积累，理论上讲，是具有较强的可行性和可操作性，应该能取得良好的效果。但在实践中，究竟效果如何，还需要观察和做进一步研究。由于各种条件的制约，独立学院的风险管理没有丰富的可供借鉴的历史资料，从而影响风险管理对策后续工作的进展。特别是各个独立学院情况相差较大，在实际风险管理过程中面对的风险各不相同，风险管理效果也将不尽相同。实施风险管理时，单纯从某个角度出发，得到的结果可能与实际效果有一定差距，能否找到相对有效的组合手段提高风险管理效果比较困难，此外，独立学院还要对每一年实施全面风险管理的实际效果做出评价并不断地进行校正和改进，最后才能形成能够成熟运用的风险管理机制。因此，本书在提出建立“六位一体”独立学院全面风险管理对策时，只是提出一个基本框架，部分内容可能有一定理想化的成分，一些实施细则还需要通过实践和进一步研究，并根据各学院自身实际情况不断进行完善、优化和调整，最终实现建立适合各独立学院的全面风险控制机制。

参考文献

[1] 姜代武 . 我国独立学院的十年“独立”之路 [J]. 现代教育科学，2009，4（41）：41~44.

[2] 吴海良 . 独立学院应用型人才培养模式探析 [J]. 长江大学学报（社会科学版），2010,33（05）：17~19.

[3] 阙明坤 . 独立学院能实现“高水平民办大学梦”吗？ [N]. 光明日报，2013-12-11.

[4] 教育部关于“十一五”期间普通高等学校设置工作的意见（教发〔2006〕17 号）.

[5] 迟云平 . 独立学院转设为民办普通高校的实践性思考 [BD/OL]. 中国教育在线，2011-06-15.http://gaokao.eol.cn/zskx_5428/20110615/t20110615_634440.shtml.

[6]《关于鼓励社会力量兴办教育促进民办教育健康发展的若干意见》（国发〔2016〕81 号）.

[7] 民办校可自主选择发展或退出 [N]. 北京晨报，2016-11-8.

[8] 2016 年全国高等学校名单 [BD/OL]. 教育部官网，2016-06-03.http://www.moe.edu.cn/srcsite/A03/moe_634/201606/t20160603_248263.html.

[9] 汪家镠 . 关于民办教育促进法（草案）的基本意见 [J]. 民办教育动态，2001（12）：4~6.

[10]《国家中长期教育改革与发展规划纲要（2010—2020 年)》.

[11] 王慧 . 基于危机生命周期理论的企业危机管理策略探讨 [J]. 企业经济，2009，(10) 38~40.

[12] 卓志 . 风险管理理论研究 [M]. 北京：中国金融出版社，2006.

[13]（英）亚当 • 斯密，著 . 国富论 [M]. 唐日松，译 . 陕西：陕西人民出版社，2001.

[14] 陈郁 . 所有权、控制与激励——代理经济学文选 [M]. 上海：上海人民出版社，上海三联书店，1998.

[15]（美）乔治 • 阿克尔洛夫 . 柠檬市场：质量不确定性与市场机制 [J]. 经济导刊，2001，(6)：1~8.

[16] 张威 . 独立学院财务风险管理研究 [D]. 北京：中国地质大学，2012.

[17] 李俊英 . 基于内部控制的独立学院财务风险研究 [J]. 财政监督，2011（26）.

[18] 吴荣顺，宫照军 . 论我国独立学院内部治理机制的问题与对策——镜鉴美国私立高校的比较研究 [J]. 民办高等教育研究，2010 (4)：17~22.

[19] 何伟峰 . 民办独立学院经营风险分析和风险管理 [J]. 现代经济信息，2013（5）.

[20]《中华人民共和国民办教育促进法》2016 年修订 .

[21]《高等教育专题规划》(教高〔2012〕5 号）2012.

[22]《独立学院设置与管理办法》(教育部令第 26 号）2008.

[23] 关于开展“服务国家特殊需求人才培养项目”——学士学位授予单位开展培养硕士专业学位研究生试点工作的通知（学位〔2011〕54 号）.

[24] 孙艳，陶美重 . 美国营利性高等教育及对我国的启示 [J]. 边疆经济与文化，2007（11）：122~123.